Was Wörter über ihre Herkunft erzählen können, ihre Abenteuer und Geschichte, ihren Eigensinn … und über uns, die wir sie benutzen, verändern, fallenlassen – mit dieser Perspektive hat Waltraud Legros einen unterhaltsamen, oft amüsanten und nebenbei äußerst lehrreichen Spaziergang durch »deutsche Wort-Landschaften« unternommen. Sie zerlegt gängige Alltagswörter wie »totschick«, »auswendig«, »mutterseelenallein« in ihre Bestandteile, nimmt Wendungen wie »bei Trost sein« oder »das gehört sich nicht« unter die Lupe, erzählt von der deutschen Wurzel des französischen »Boulevard« (Bollwerk), klärt den Irrtum um den »Erlkönig« auf, der nichts mit den Erlen, sondern mit dem dänischen Wort für Elfenkönig (»ellerkonge«) zu tun hat. So kommt die in Frankreich lebende und dort Deutsch unterrichtende Autorin über die Wörter unserer Sprache auf die Spur und damit unserer deutschen europäischen Kultur: »Denn wirklich spannend wird es ja erst, wenn wir sehen, wie aus Wörtern Sprache entsteht, und ab und zu ist es schön, sich einfach anzusehen, was Sprache alles kann.«

Waltraud Legros, geboren 1938 in Klagenfurt, studierte Romanistik und Schulmusik, dann Germanistik in Frankreich, wo sie seit 1961 lebt und über Hugo von Hofmannsthal promovierte. Lehrtätigkeit an Gymnasien und Universität mit zahlreichen Publikationen zu Sprachdidaktik und Sprachbegabung. Ihr letztes Buch, ›L'Avis des Mots‹, erschien 1995 in Paris und erzählt Wortgeschichten speziell für Deutsch lernende Franzosen. Waltraud Legros lebt in Straßburg.

Waltraud Legros

Was die Wörter erzählen

Eine kleine etymologische Fundgrube

Deutscher Taschenbuch Verlag

Für Frau Fabian, unsere Tante Julie,
die so gern Geschichten erzählt,
wie sie in keinem Buch stehen.

Originalausgabe
September 1997
5. Auflage Dezmeber 1999
© Deutscher Taschenbuch Verlag GmbH & Co. KG,
München
Umschlagkonzept: Balk und Brumshagen
Umschlagbild: ›Eintrittskarte‹ (1922) von Kurt Schwitters
(© VG Bild-Kunst, Bonn 1996)
Gestaltung und Satz: Hartmut Czauderna,
Gräfelfing auf Apple Macintosh, Quark XPress
Schrift: 10,4/13˙ Stempel Garamond
Gedruckt auf säurefreiem, chlorfrei gebleichtem Papier
Druck und Bindung: C. H. Beck'sche Buchdruckerei,
Nördlingen
Printed in Germany · ISBN 3-423-20043-X

Inhalt

Vorwort

Jeder von uns hat gelegentlich in seiner Heimatstadt Fremdenführer gespielt und diese seltsame Erfahrung gemacht: Man wird von einer nie gesehenen Hausfassade überrascht, obwohl man seit Jahren täglich an ihr vorbeigeht; man entdeckt staunend einen Erker, einen Torbogen, ein altes Ziegeldach, weil unser Gast stehenbleibt, ein Photo macht oder wissen möchte, was die Inschrift über dem Tor bedeutet ...

Genauso ergeht es dem, der seine Muttersprache als Fremdsprache unterrichtet. Vertrautes sieht er wie zum ersten Mal, Selbstverständliches wird fragwürdig, er erfährt die eigene Sprache als fremdartig: als gleichzeitig bekannt und sonderbar. Das ist nicht etwa nur anfangs so, sondern immer wieder. Und man erfährt nicht nur seine Sprache aus einer anderen Perspektive, sondern natürlich auch sich selbst. Denn warum lernt der andere unsere Sprache? Doch nicht nur, weil sie als Unterrichtsfach auf dem Stundenplan steht oder damit er im Fall einer Reise nach dem Weg fragen kann. Er lernt unsere Sprache ja auch, um uns besser zu kennen und zu verstehen, um ein wenig zu wissen, aus welchem Stoff wir gemacht sind. Und dieser »Stoff« ist nicht nur unsere Geschichte, unsere Lebensweise, unsere »Kultur«, wie wir zu sagen pflegen, sondern vor allem – das heißt zuerst und grundlegend – unsere Sprache.

Aus dieser Perspektive also, aus der das Bekannte als Fremdes betrachtet wird, entstanden die Wortgeschichten dieses Buchs. Anlaß war jedesmal eine konkrete Situation im Dialog zwischen Menschen verschiedener Muttersprachen, im Dialog zwischen diesen Sprachen, wo ich durch Staunen, Fragen und »Fehler« meiner Studenten, meiner Kinder oder meiner Freunde die eigene Sprache »entdeckte«. Ich wurde aufmerksam auf so manche Ungereimtheit der deutschen Sprache, auf ihre schöpferische Lebendigkeit, auf die oft abenteuerlichen Lebenswege ihrer Wörter.

Freilich gibt es bei solchen Entdeckungen nicht nur die freudigen Aha-Erlebnisse, sondern auch verblüfftes Schweigen, wenn zum Beispiel Wörter wie »Kartoffel«, »Marzipan« oder »Porzellan« plötzlich in leere Silben zerfallen, nur weil man sie ein wenig unter die Lupe nehmen wollte. Oder wenn Wörter wie »aufgeben«, »faul«, »kosten«, »Rolle«, »versuchen« verschiedene Bedeutungen anbieten und sich die Frage stellt, ob das nun Zufall sei oder nicht. Auch wenn Ausdrücke wie »bei Trost sein« oder »das gehört sich nicht« von den Studenten wörtlich übersetzt werden, also keinen Sinn geben, weil man sich von der Vokabel »Trost« oder »gehören« freidenken muß, um die Bedeutung des Ausdrucks nicht nur zu registrieren, sondern auch zu verstehen. Denn mit »richtig« oder »falsch« ist es ja nicht getan. Was ist »falsch«, wenn ein Student in einem Aufsatz über Heinrich von Ofterdingen schreibt: »Er sehnsucht die ideale Frau«? Ist dieses Verbkonzentrat aus romantischer Sehnsucht und träumerischem Suchen wirklich ein »Fehler«, nur weil noch kein deutscher Dichter auf die Idee gekommen ist, das Verb »sehnsuchen« zu bilden? Warum, fragt der Deutschlernende, ist »Schwerarbeit« richtig, »Schwerkoffer« aber falsch? Warum kann ich nicht sagen: »Ich bedeute den Text«, wohl aber »ich beantworte den Brief« oder »ich beschreibe das Bild«? Man sieht: Mit Logik ist solchen »Fehlern« nicht beizukommen. Sprache ist eben nicht logisch. Sondern eigensinnig, unergründlich, unberechenbar.

Dennoch hat bekanntlich jede Sprache ihre Regeln und Gesetze. Man glaube aber nicht, daß nicht auch die einfachste Regel zum Diskussionsthema werden kann. Wer zum Beispiel Franzosen begreiflich machen will, wie ein deutscher Satz konstruiert ist, wo das »nicht« hingehört, wie man Wörter zusammensetzt und auseinandernimmt, erntet zunächst ungläubiges Kopfschütteln. Wie denken und fühlen Menschen, fragen sie, die alles »verkehrt« sagen? Wie verhalten sich Menschen, die von klein auf daran gewöhnt sind, sich auf keinen Satz zu verlassen, bevor nicht das sinngebende Schlußwort gefallen ist?

Fragen wie diese machen natürlich hellhörig und neugierig, und wer einmal angefangen hat, der Sprache beim Reden zuzuhören, die Wörter beim Wort zu nehmen oder in sie hineinzuhorchen, der kommt aus dem Fragen nicht mehr heraus: Wie ist das nun eigentlich mit der vielzitierten Beherrschung der Sprache? Wer beherrscht da wen? Denken wir *mit* Worten oder *in* Worten? Wer ist zuerst da, unsere Gedanken oder die Sprache? Denken wir womöglich immer nur so viel und so weit wie die Wörter, die wir kennen oder zu kennen glauben?

Sicher: Wir Menschen haben die Sprache »erfunden«, wir arbeiten an ihr, feilen und basteln ständig an ihr herum, heben vorübergehend gewisse Wörter auf Podeste, schicken andere von der Bühne, treiben Export- und Importgeschäfte mit ihnen, je nach Bedarf. Doch arbeitet auch die Sprache an uns. Wir werden von ihr geprägt, vielleicht mehr als wir es wahrhaben wollen. Denn mit der Muttersprache lernen wir ja nicht nur eine bestimmte Sprache verstehen und sprechen, wir lernen gleichzeitig, in ihr zu denken, Gefühle zu unterscheiden, wahrzunehmen. Wir erfahren die Welt, die anderen und uns selbst durch die Wörter und Strukturen dieser ersten Sprache, die wir »Muttersprache« nennen. Warum wohl? Doch nicht nur, weil sie uns in der Regel zuallererst durch die Stimme und die Worte unserer Mutter vermittelt wird, sondern wohl auch, weil wir uns in dieser Sprache daheim fühlen: geborgen und in Sicherheit.

Dennoch liegt aber gerade in diesem schönen Gefühl der Geborgenheit auch die Gefahr, das Gewohnte und Bekannte für so selbst-verständlich zu halten, daß es uns gar nicht in den Sinn kommt, es in Frage zu stellen oder auch nur kennen-zulernen. Das mag Goethe gemeint haben, als er behauptete: »Wer fremde Sprachen nicht kennt, weiß nichts von seiner eigenen.« Doch müßte man zweierlei hinzufügen: Selbst wenn wir später die Erfahrung machen, daß andere Sprachen die Welt anders wahrnehmen und benennen, bleibt unsere erste Sprache doch lange Zeit unser Maßstab für das »Normale«. Sie bleibt Muttersprache im Sinne von Matrize. Und zweitens wird die Einsicht, daß Wort und Ding, Sprache und Wirklichkeit nicht identisch sind, im Grunde niemandem erspart, mit oder ohne Fremdsprachen. Denn auch die Muttersprache vermittelt ja nicht ein einziges Weltbild, sondern gibt jedem die Möglichkeit, seine persönliche »Ansicht« auszudrücken, ein Glas »halbvoll« oder »halbleer« zu nennen.

So ist also der Umweg über »fremde« Sprachen nicht die einzige Möglichkeit, seine eigene Sprache mit anderen Augen zu sehen. Man kann sich auch vorstellen, daß man sie jemandem zeigen will, so wie man einem Besuch eben seine Stadt zeigt. Oder sein Haus, seinen Garten, sein Familienalbum. Denn auch das, was wir am besten zu kennen glauben – fast möchte ich sagen: *gerade* das, was wir am besten zu kennen glauben –, kann uns in seiner plötzlichen Fremdheit überraschen.

Jede der Wortgeschichten dieses Buchs ist also ein Spaziergang durch bekannte Landschaften, eine Einladung, Vertrautes neu zu entdecken. Jede ist ein geschlossenes Ganzes, auch wenn dieses Ganze nie vollständig ist, es nicht sein kann, da wir uns ja in einer lebenden Sprache bewegen. Es kann vorkommen, daß die Geschichten ineinander übergreifen, sich kreuzen oder einander gar in die Quere kommen. Auch das liegt in der Natur der Sprache: Es gibt in ihr keinen Anfang, keinen Mittelpunkt und kein Ende.

Wenn die verschiedenen »Wortschaften« dennoch nach vier lockeren und unverbindlichen Themen gruppiert sind, so geschah dies also nicht, um irgendeine Hierarchie zu suggerieren, sondern um dem Leser einen der möglichen Wege vorzuschlagen: von den reiselustigen Wanderwörtern über gängige Wörter unseres Alltags und solche, die uns durch ihre schillernde Vielschichtigkeit erstaunen, bis hin zu einigen Besonderheiten deutscher Wortgebilde und Satzstrukturen. Denn wirklich spannend wird es ja erst, wenn wir sehen, wie aus Wörtern Sprache entsteht.

Wanderwörter

»Die deutsche Sprache kommt ab, eine andere schleicht sich ein!« Dieser Warnruf stand nicht etwa gestern in der Zeitung, sondern im Jahre 1689 im ›Altberliner Bilderbogen‹. Damals klagte ein gewisser Hans Ludwig über den »französisch-deutschen Modegeist«, ähnlich wie heute so mancher gegen die anglo-amerikanischen Eindringlinge wettert, welche unsere ehrwürdigen europäischen Kultursprachen bedrohen. »Heute muß alles französisch sein«, hieß es vor über dreihundert Jahren, »wer nicht französisch kann, kommt zu Hofe nicht an, ... wer nicht französisch redet, der muß ein Dummkopf sein.« In die heutige Zeit übersetzt, ergäbe das etwa: »Wer heute nicht mit einem *handy* durch die Straßen rennt, sich nicht regelmäßig um seine *fitness* kümmert, wer von Aussehen und Kleidung spricht statt von *look* und *outfit,* der ist nicht etwa ein Dummkopf, viel schlimmer: Er ist einfach nicht *in!*« Und man müßte hinzufügen, daß die Anglizismen gar nicht daran denken, »sich einzuschleichen«, im Gegenteil: Sie kommen *angesurft* und bestimmen, was Sache ist. Wie soll man sich dagegen wehren?

Die Frage ist alt wie die Welt. Schon immer haben Menschen, die andere Länder eroberten, ihre Wörter mitgebracht, ihre Gedanken und Bräuche, ihre Siebensachen und deren Namen. Caesar und das Christentum brachten die lateinische Sprache in die Länder nördlich der Alpen; die Kreuzzügler, die Ordensbrüder des Deutschen Ritterordens, die Kaufleute der Hanse trugen deutsche Vokabeln bis weit über die Grenzen ihres angestammten Landes; die von Richelieu angeworbenen Söldnerheere des Dreißigjährigen Kriegs, später die aus Frankreich vertriebenen Hugenotten, noch später die französischen Revolutionsemigranten bescherten der deutschen Alltagssprache

11

eine Unzahl von Wörtern, die wir aus unserem Wortschatz nicht mehr wegdenken könnten. Oder haben wir etwa ein deutsches »Pendant« gefunden für »Bluse«, »Soldat«, »Balkon«, »Partei« oder »Garage«?

Und so können wir auch heute nicht verhindern, daß die Wörter mit den Dingen ins Land kommen. Wir haben weder die *Jeans* erfunden, noch das dazugehörige *T-shirt,* auch nicht den *Computer,* den *Job,* den *Streß* oder den *Walkman.* Barbarisch sind nicht die Wörter einer anderen Sprache, barbarisch ist die Art, mit ihnen umzugehen: *Power*frau, Haar*spray,* *Fit*macher sind hybride Gebilde – wie übrigens auch Herz*infarkt,* Pferde*lotto* oder Öl*krise* … Doch wenn jemand lieber sagt, er sei *down,* wenn er sich mies fühlt, und *high,* wenn es ihm richtig gutgeht, dann sollte man ihm das nicht übelnehmen. Die Zeit wird schon zu wählen wissen und uns sagen, was bleiben soll und was nicht. Auch »fair«, »charmant«, »Skandal« und »Galerie« waren einmal solche Modewörter, und sie haben sich, wie viele andere auch, in der deutschen Sprache bestens eingelebt.

Wörter wandern eben. Sie sind Handelsreisende in Sachen Weltanschauung und Lebenskunst (was immer man darunter verstehen mag), und sie haben sich nie besonders um Staatsgrenzen oder Bündnisse gekümmert. Viele waren Eintagsblüten einer Mode, andere haben Kassandrarufen von drohender Überfremdung sowie erzürnten Sprachpolizisten tapfer standgehalten, wieder andere sind innerhalb des Landes umgezogen. Und alle haben sie etwas zu erzählen. Was wären wir, was wären unsere Sprachen ohne diese Wanderwörter?

ABENTEUER

Es gibt eine ganze Reihe von Wörtern, die wir zwar als deutsch empfinden, die sich aber weder in sinnvolle Einheiten zerlegen noch als Ableitung oder Abwandlung von deutschen oder ger-

manischen Stammwörtern identifizieren lassen. **Abenteuer**
zum Beispiel: Ob es sich um ein waghalsiges Unternehmen handelt, um eine nicht ungefährliche Reise oder eine Liebesaffäre,
wir wissen alle, was das Wort bedeutet und was in ihm mitschwingt: Spannung, Aufregung, Gefahr, Ungewöhnliches,
Unerwartetes. Trotzdem stockt die Feder, und nicht nur bei
Kindern, wenn wir es schreiben sollen. Wie von selbst bietet
sich Abend-teuer an, was zwar den Sinn nicht gerade erhellt,
sich aber zumindest deutscher ausnimmt. Und Kinder kommen
mit »Abend«, das sie mit Dunkelheit, Nacht, mit Ins-Bett-
gehen-Müssen verbinden, sicherlich besser zurecht als mit
»Aben«, das doch wohl wirklich nichts aussagt.

»Abenteuer« ist, wie die Erwachsenen wissen, ein teilweise
eingedeutschtes Lehnwort. Es kommt vom lateinischen *adven-
tura* und bezeichnet das, »was auf einen zukommt«, also ein
kommendes Ereignis. Genaugenommen ist »Abenteuer« unserem friedlichen »Advent« näher als irgendeinem aufregenden
Wagnis. Doch die verschiedenen Sprachen haben das Wort auf-
genommen und seinen Sinn verändert: Das lateinische *adven-
tura* wurde zum italienischen *avventura,* dann zum französischen *aventure* und schließlich zum deutschen »Abenteuer«.

Auch **Marzipan** läßt sich nicht in genußvolle Silben zerlegen.
Die Italiener nennen es *marzapane,* die Spanier *mazapan,* die
Franzosen *massepain,* und dies sind lauter Wörter, die in der
jeweiligen Sprache ebensowenig nach Mandeln, Zucker und
Rosenwasser schmecken wie »Marzipan«. Etymologen (diese
Sprach- und Wortforscher, die ihre Berufsbezeichnung vom
griechischen *etymos* – »wahr« – herleiten und die es also wissen
müssen) erzählen von einer langen Reise: Zur Zeit der Kreuz-
züge entdeckten die Kreuzfahrer *mautaban,* ein arabisches
Wort, das das Bildnis Christi auf den byzantinischen Münzen
bezeichnete. Nach und nach wurde *mautaban* der Name für ein
Hohlmaß, dann für eine Schachtel und schließlich für das süße
Mandelbrot, das diese Schachteln enthielten. Im 16. Jahrhun-

dert suchte die Volksetymologie nach einer etwas weniger entlegenen Herkunft und behauptete, Marzipan käme von *Marci panis,* dem »Markusbrot«. Warum nicht? Die sogenannte Volksetymologie ist zwar keine Wissenschaft, aber es geht ja vor allem um die schöne Geschichte. Schließlich heißt der »Etymologe« wörtlich übersetzt »Wahr-sager«, und dem geht es bekanntlich mehr um Magie als um Wahrheit.

Porzellan, das feine, zerbrechliche, hat immerhin einer ganzen Reihe von Verwandlungen standhalten müssen, bis es zum Stolz unserer Vitrinen wurde. Angefangen hat es ganz trivial mit dem lateinischen *porcus,* dem Schwein, und seinem italienischen Diminutiv *porcella,* zunächst Schweinchen, dann aber familiäre Bezeichnung für die weibliche Scheide. Die Venezianer veredelten Bild und Wort, indem sie auch eine Meeresmuschel – oder vielmehr eine Meeresschnecke mit weißglänzender Schale – *porcella* nannten. Und als das erste Porzellan aus China kam, meinten sie zunächst, diese hauchzarten Gebilde seien aus zerriebenen weißen Muscheln hergestellt und nannten diese Materie *porcellana,* das das Deutsche dann als »Porzellan« übernommen hat.

Der **Hugenotte** hat eine andere Reise hinter sich: »Eidgenossen« nannten sich die Genfer, die sich 1520 gegen den Herzog von Savoyen verbündet hatten. Die Franzosen verballhornten diese »Eidgenossen« zu *eyenets,* dann zu *huguenots,* und bezeichneten mit diesem Spottnamen alle Anhänger des Calvinismus, die um die Mitte des 16. Jahrhunderts immerhin ein Fünftel der französischen Bevölkerung ausmachten. Als 1685 Ludwig XIV. das Edikt von Nantes aufhob (welches seit 1598, nach blutigen Machtkämpfen zwischen protestantischem Adel und katholischem Königshaus, Religionsfreiheit gewährt hatte), suchten viele Calvinisten Zuflucht im Ausland, vornehmlich im protestantischen Norden Deutschlands, wo sie »Hugenotten« genannt wurden.

Auch unsere **Boulevardpresse** war mit einer Rückfahrkarte unterwegs. Das so französisch klingende Wort *boulevard* ist in der Tat deutschen Ursprungs. Es ist eine Lautassimilation von »Bollwerk«, dem Festungswall, einem Wort, das außer in Resten alter Stadtmauern nur noch im »Böllerschießen« weiterlebt, und eben in der zitierten »Boulevardpresse«. Denn diese Gazetten wurden zunächst – in Frankreich zumindest – in den peripheren Stadtvierteln verkauft, auf den *boulevards,* die etwa unserem »Ring« oder »Gürtel« entsprechen, also ursprünglich der Festungsmauer entlangliefen und daher immer kreisförmig sind (im Gegensatz zu den geradlinigen *avenues*). Inzwischen ist die Boulevardpresse allerdings auch im Stadtinneren daheim, und sie kommt manchmal einem verbalen Böllerschießen recht nahe. Aber dafür wollen die Etymologen bitte nicht verantwortlich gemacht werden!

Daß **mutterseelenallein** ein eingewandertes Wort ist, mag erstaunen. Mutter-seelen-allein: deutscher geht's doch nicht! Von Mutter und Vater, Gott und der Welt verlassen, sozusagen ein Superlativ der Einsamkeit. Und das bedeutet das Wort wohl, nur ist es eben nicht so urdeutsch, wie wir meinen, denn es kam folgendermaßen zustande: Am Anfang war da das französische *moi tout seul,* »ich ganz allein«. Dieses *moi tout seul* ergab in der phonetischen Eindeutschung zunächst »mutterseel«. Ein schönes Wort zwar, aber der Sinn war weg. Man fügte also den Sinn hinzu, »allein«, und schuf das schöne deutsche »mutterseelenallein«.

Wer **totschick** (nach exakter Rechtschreibung eigentlich »todschick«) in voller Gelassenheit aussprechen könnte, würde natürlich das französische *chic* heraushören. Aber eben: »totschick« ist so schick, daß man Riechsalz braucht, um den Schock zu überleben – wobei mit »man« natürlich die beste Freundin oder sonst ein Opfer gemeint ist, denn »schick« ist nicht unbedingt »schicklich« (ein seit dem 14. Jahrhundert belegtes deutsches Wort), und »totschick« ist nicht zufällig »der letzte Schrei«. Ach, diese Sprache! In Wirklichkeit ist es nämlich viel weniger aufregend: »totschick« kommt von *tout chic,* heißt also einfach »ganz schick«, oder total elegant, oder überaus vornehm, wie man will. Doch ist es bestimmt kein Zufall, daß sich »totschick« sozusagen wie von selbst angeboten hat. Das schöne Geschlecht hat eben auch seine Waffen, und daß diese tödlich sein können, ist ja bekannt.

Das Wort **Muckefuck** wiederum klingt eher barbarisch, aber barbarisch ist ja auch das Getränk, das es bezeichnet. Dennoch kommt auch dieser seltsame Name aus dem Französischen. Als nämlich am Ende des 18. Jahrhunderts in Preußen der Kaffee knapp und teuer zu werden begann, entdeckte ein findiger Mann namens Ohlde, daß man aus der Wurzel der Wegwarte, auch Zichorie genannt, nach entsprechender Behandlung – nämlich rösten, mahlen und aufgießen – ein kaffeeähnliches, oder doch zumindest kaffeefarbenes Getränk brauen konnte. Dieses wurde von den Berlinern französischer Abstammung *mocca faux,* »falscher Kaffee«, genannt, und die Berliner machten daraus den »Muckefuck«, ihren Unkaffee für Notzeiten.

Die Wiener versuchten es ebenso erfolgreich mit gebrannter Gerste, der einige Kaffeesieder auch noch andere, höchst geheimnisvolle Zutaten beimengten. Es ging den Wienern ja nicht so sehr um den Kaffee als um die Erhaltung ihrer Kaffeehäuser, dieser Hochburgen des geistigen Lebens. Dennoch machte auch der Ersatzkaffee der Wiener Karriere, und zwar unter dem Namen »Feigenkaffee«. Völlig korrekt: Es war ja auch kein echter Muckefuck.

Für unser inzwischen zum Diätbrot avanciertes **Pumpernickel** geben die deutschen Sprachforscher poesielos an, das Wort sei ursprünglich ein Schimpfwort für einen ungehobelten Kerl gewesen, eine Art »Furzheini«, und später habe man auch die vermeintliche Ursache, nämlich das blähende und schwer verdauliche Schwarzbrot so genannt. Wie aber war »Pumpernickel« zum Schimpfwort geworden? Nun: Bergknappen, welche im Erzgebirge aus dem kupferfarbenen Nickel vergeblich Kupfer zu machen versuchten, sollen diesen Mißerfolg dem bösen Bergkobold, dem »Kupfernickel«, in die Schuhe geschoben haben, und so sei der ursprüngliche Kurzname für Nikolaus, »Nickel«, zum Schimpfnamen geworden. »Pumper«, heißt es weiter, käme vom Verb »pumpern«, dessen Effekt sich schon bei Luther recht bombastisch anhörte: »bombart«. Dieses Wort wurde dann bei den alles übertreibenden Franzosen zu *bombarder,* und zur *bombe,* die wir uns dann wieder geholt haben für die »Bombe«, »bombardieren«, das »Bombardement«, aber auch für den »Bombenerfolg« oder das »Bombengeschäft«.

Die Franzosen erzählen die Geschichte anders: romantischer, humorvoller und vor allem ... französischer: Als die Truppen Napoleons gegen Preußen ins Feld zogen, erzählte man mir im Volkskundemuseum des elsässischen Wissembourg, kamen sie durchs Elsaß, wo den Soldaten Schwarzbrot serviert wurde. Die Soldaten, allen voran die *grognards* – die alte Garde –, fanden dieses angebliche Brot unzumutbar und erklärten, es sei *»bon pour Nickel«:* gerade gut genug für Pferde. Später erfuhr ich aus ebenso befugter Quelle, »Nickel« sei das Pferd Napoleons gewesen, so genannt wegen der weißgrauen Farbe, denn das Metall trägt im Französischen tatsächlich den deutschen Namen: *nickel.* Doch ob unser Pumpernickel damals wenigstens den Pferden geschmeckt hat, konnte mir niemand sagen.

Mit dem Wörtchen **alle,** etwa in dem Ausdruck »das Brot ist alle«, kommen wir wieder nach Berlin zurück. Die Anekdote erzählt, daß zwei hugenottische Schwestern, die in Berlin ihre Stickereien und Spitzen verkauften, ihren Kunden »c'est *allé«* sagten, »es ist (aus)gegangen«, wenn etwas nicht mehr auf Lager war. Wenn es also in Schillers ›Räubern‹ heißt: »Der Wein ist all' in unsern Schläuchen«, so bedeutet das nicht, daß er sich samt und sonders in den Eingeweiden befindet, wie dies von einem – ausgerechnet französischen! – Übersetzer angenommen wurde, sondern ganz schlicht, daß die Weinschläuche leergetrunken sind und es also keinen Vorrat mehr gibt.

Es darf uns nicht wundern, daß französische Vokabeln in der deutschen Sprache so zahlreich sind. Das kommt nicht nur daher, daß im 17. und 18. Jahrhundert an den deutschen Fürstenhöfen vorwiegend, wenn nicht ausschließlich französisch gesprochen wurde. Schon die Söldnerheere des Dreißigjährigen Kriegs haben sprachliche Spuren hinterlassen, später haben Hugenotten und Revolutionsemigranten vorwiegend in Preußen Zuflucht gesucht und vor allem die Berliner Alltagssprache mit allerlei französischen Wörtern bereichert, die ihre ausländische Herkunft heute nur noch dadurch verraten, daß sie auf der letzten Silbe betont werden. Ob es sich um Speisen handelt – *Boulette, Haschee, Kotelett, Filet, Omelett* –, um Kleidung und Mode – *Bluse, Kostüm, Manschette, Volant, Toilette, Taille, Friseur, elegant* –, um die Armee – *Militär, Soldat, Bravour, Revanche, Sabotage* –, oder um gängige Alltagswörter – *Cousine, Kommode, Parterre, Salon, Balkon, Vase, Skandal, Galerie, Partei, Garage, Maschine, Büro* –, alle diese »Einwanderer« sind in der deutschen Sprache heimisch geworden. Sicher: Es soll am Ende des 17. Jahrhunderts jeder fünfte Berliner französischer Abstammung gewesen sein, hundert Jahre später immerhin noch jeder zehnte, obwohl sich die Berliner Bevölkerung inzwischen vermehrfacht hatte.

Doch Wien steht – auch ohne Einwanderungswellen – nicht hinter Berlin zurück, wenn es um französische Lehnwörter geht. Nur werden dort Wörter wie *gênant, galant, Trottoir, Blamage, Tête-à-tête, Vis-à-vis, amüsant* ... allesamt möglichst durch die Nase ausgesprochen, was ihnen einen Hauch von Snobismus verleiht (man denke an Helmut Qualtingers ›Der Papa wird's scho richten‹), manchmal auch einen ironischen Unterton. So ist eben ein *Malheur* kein wirklich ernstzunehmendes Unglück, und wer sich *geniert,* schämt sich nicht wirklich, er ziert sich bloß.

Aber auch ganz unprätentiöse, Verzeihung: bescheidene Wiener Alltagswörter kommen aus dem Französischen. Wie zum Beispiel das köstliche **Weinschato,** das nicht auf *château,* also irgendein königliches Schloß anspielt, sondern von *chaude eau* kommt, dem heißen Wasser. Womit aber nicht eine der Zutaten gemeint ist, sondern die Zubereitung im Wasserbad. Das volkstümliche **Lawur** wiederum kommt von *lavoir,* dem Waschhaus, das die Österreicher zwar auf bescheidenste Dimensionen reduzierten, durch den französischen Namen aber deutlich über die gewöhnliche Waschschüssel stellten. Doch so sehr französische Vokabeln dem österreichischen Ohr auch schmeicheln mögen: Wer würde den Mut haben, einem Wiener zu sagen, daß sein urwienerischer **Fiaker** aus Paris kommt? Genauer: aus der rue St. Antoine und der Droschkenstation vor dem Hotel *»Saint Fiacre«*?

Glauben wir aber bloß nicht, daß es anderen Sprachen besser ergeht. So nennen zum Beispiel die Franzosen das **Sauerkraut** *choucroute:* Das Wort benennt zwar in der ersten Silbe das »Kraut«, *chou,* bezeichnet aber mit der zweiten bestenfalls – das heißt, wenn man dem *u* den hütchenförmigen Akzent aufsetzt – *croûte:* die »Rinde«, die »Kruste«, in der Umgangssprache auch so etwas wie die »Jause«. Wahrscheinlich kam das Sauerkraut über das elsässische *Sürkrüt* in die französische Sprache, das Ergebnis jedenfalls besteht aus zweimal Kraut, einmal als sinnvoller *chou* und dann als phonetische Angleichung an Kraut: *croute.* Was nun das Gericht selbst betrifft, so gilt es in Frankreich als elsässische Spezialität, deren Üppigkeit keinen Platz läßt für säumige Fragen über Herkunft und Sinn des Wortes.

Auch das Wort **Tunnel** ist nicht englischer Herkunft, obwohl doch die Engländer die ersten Tunnelbauer waren. Aber die sachlichen Briten können auch romantisch sein: Als sie nämlich am Ende des 18. Jahrhunderts einen Namen suchten für die neuen Bahnstollen, die sie durch die Berge gebohrt hatten, wollten sie dem düsteren Loch wenigstens einen hübschen Namen geben. Sie fanden, daß ja auch die schattigen Gartenlauben in den Parks der französischen Schlösser so ähnlich aussähen und machten aus der französischen *tonnelle,* der Laube also, ihren *tunnel* – ein Wort, das dann die Deutschen 1839 entlehnt haben, als nämlich zwischen Leipzig und Dresden der erste deutsche Tunnel gebaut wurde. Jedoch auch die Franzosen nennen unterirdische Verkehrswege *tunnels* und denken dabei, wenn überhaupt, weder an die kühle *tonnelle* noch an deren Urgroßmutter, die alte *tonne.* Jene *tonne* nämlich, welche die Bezeichnung für ein großes Faß war und von der wir Deutsche nichts Geringeres als unsere »Tonne«, das »Tonnengewölbe« und ... die »Mülltonne« hergeleitet haben.

Nicht einmal für den urenglischen Sport, das **Tennis,** ist ein angelsächsischer Ahne Pate gestanden. Das Wort ist – *noblesse oblige!* – französischer Herkunft. Da nämlich der Tennissport in seinen Anfängen noch eher ein stilvoller Zeitvertreib für Leute aus besten Kreisen war, ging's auch dementsprechend vornehm zu. So sehr, daß der Aufschläger seinem Partner ein höfliches »*Tenez!*« (»Bitte, nehmen Sie!«) zurief, wenn er den Ball losschickte. Aus diesem »*Tenez!*« wurde »Tennis«. Auch dieses Wort haben sich die Franzosen zurückgeholt. Sie nennen den Sport »*tennis*« und sind überzeugt, sich einer angelsächsischen Vokabel zu bedienen.

Neben solchen Irrtümern gibt es aber auch regelrechte Fehler in der Übersetzung. Eines der berühmtesten Beispiele ist wohl der **Erlkönig,** der im Französischen als *Roi des Aulnes* geradezu zum Inbegriff eines gewissen Deutschland geworden ist: Der

Roi des Aulnes steht bildhaft für den neblig-düsteren deutschen Norden – etwa in der Art von Droste-Hülshoffs »O, schaurig ist's, übers Moor zu gehn« –, er ist für die Romanen, mehr noch als Vater Rhein, Undine oder die Lorelei, das andere schlechthin. Daß in Goethes ›Erlkönig‹, wenn überhaupt Bäume, so Weiden erwähnt werden (»es scheinen die alten Weiden so grau«) und nicht Erlen, also *aulnes,* ist den ersten Übersetzern entgangen. Doch auch wenn man inzwischen weiß, daß »Erlkönig« vom dänischen *ellerkonge* kommt und also »Elfenkönig« heißt, ist der Irrtum nicht mehr rückgängig zu machen: Der *Roi des Aulnes* ist zum Begriff geworden und hat als solcher Karriere gemacht. Auch das kann vorkommen.

KAPUTT

Wohl wenige deutsche Wörter haben sich international so beliebt gemacht wie **kaputt.** Sicher: keine sehr schmeichelhafte Beliebtheit, da doch Zerstörung oder Zerstörtes gemeint ist, in welcher Form auch immer – etwas kaputtschlagen, sich kaputtmachen, völlig kaputt sein, sich kaputtlachen –, aber das Wort ist knapp, sprechend, praktisch. Ist es denn überhaupt ein deutsches Wort?

Ja und nein. Jedenfalls hat es eine Reise gemacht und kann also was erzählen. Am Anfang stand das lateinische *caput,* aus dem sich in der deutschen Sprache zwei Wörter entwickelten, nämlich »Haupt« und »Kopf«, die sich zwar ihrem Sinn nach decken, nicht aber in ihrem Gebrauch. **Haupt** ist das poetischere Wort – »O Haupt voll Blut und Wunden ...«; »und neigte das Haupt und verschied« – und verhält sich zu »Kopf« etwa wie »Antlitz« zu »Gesicht«. In zusammengesetzten Wörtern allerdings, wo es eine übertragene Bedeutung hat, dient »Haupt« auch zur Bildung prosaischer Begriffe wie etwa Hauptstadt, Hauptsache, Hauptrolle, Hauptbahnhof ..., ganz zu schweigen von Ableitungen wie »Häuptling« und »Haube«

oder vom österreichischen »Krauthappl«, dem »Häuptlsalat«, der in anderen Regionen »Kopfsalat« genannt wird.

Der **Kopf,** der also ebenfalls und direkter vom lateinischen *caput* lehnübersetzt wurde, ist der konkretere Begriff. Er bezeichnet diesen Schädel, diesen Sitz unseres Gehirns, den wir uns manchmal einrennen oder mit dem wir gelegentlich durch die Wand wollen. Wir stürzen uns kopfüber in ein Abenteuer, verlieben uns Hals über Kopf, geben Dinge von uns, die uns kopflos erscheinen lassen, nennen unseren Nachbar einen Dummkopf, einen Dickkopf, einen Schwachkopf oder finden, daß er Köpfchen hat.

Übrigens: In anderen Sprachen werden wir an eine sehr praktische erste Verwendung des Schädels erinnert: englisch *cup,* französisch *coupe,* italienisch *coppa* heißt die Schale – ein Trinkgefäß, das ursprünglich nichts anderes war als eben *caput,* der Schädel! Die deutsche Sprache bildete ihrerseits außer »Kopf« noch zahlreiche andere Ableitungen wie »Kappe«, »Kapuze«, »Kapitel«, »Kapelle«, »Kaplan«, »Kapital« ...

Und auch »kaputt« ist ein entfernterer Verwandter dieser Familie. Das Wort bezeichnete zunächst im Deutschen (auch) den Schiffsbug, also den Schiffskopf, und ergab im Französischen das Verb *capoter,* kentern. Während des Dreißigjährigen Kriegs aber gebrauchten Söldner das Verb für alles, was nicht mit rechten Dingen zuging: für stehlen, brennen und rauben bis hin zum grausamen erschlagen, umbringen, abmurksen. Bevor aber »kentern«, *capoter,* generell zu »kaputt machen« wurde, bedurfte es noch einer Zwischenstation: Diese oben genannten Söldner frönten natürlich außer dem Suff auch ausgiebig dem Kartenspiel und übernahmen aus dem Französischen Ausdrücke wie *bredouille, hasard,* und ... *faire capot,* was bedeutete, daß man in einem Spiel sämtliche Stiche verloren hatte, also »gekentert«, ruiniert, ... kaputt war.

Sanssouci, der Name des Lustschlosses Friedrichs II. von Preußen, ist ein französisches Wort und bedeutet »ohne Sorge«. Daß dieses Schloß ein Musterbeispiel des übermütig verspielten Rokoko ist, paßt also durchaus zum Namen, der außerdem die legendäre Vorliebe des preußischen Königs für die französische Sprache, die französische Kultur und Lebenskunst dokumentiert.

Vorbei die Zeit der pompösen Barockresidenzen des Absolutismus! Ludwig XVI. lebt lieber im Trianon als in Versailles, und Friedrich II. läßt sich von seinem Architekten Knobelsdorff eine eigenhändig entworfene »Sorglosigkeit« bauen. Im Rokokostil. Ein Name, der übrigens auch aus dem Französischen kommt und der nicht, wie man durchaus berechtigt annehmen könnte, eine übermütige oder ironische Ableitung von Barock ist. **Rokoko** kommt von *rocaille,* das eigentlich »Felsgeröll« heißt, worunter man aber in der Baukunst gewisse Verzierungen mit Muschelwerk verstand. **Barock** hingegen kommt vom portugiesischen *barocco,* der Bezeichnung für eine unvollkommene, unregelmäßige Perle.

Nun, sorglos ging der große Friedrich wohl vor allem mit der deutschen Sprache um und dies auch in ganz offiziellen Texten wie etwa dem historischen Toleranzerlaß. »Die Religionen«, heißt es dort, »Müsen alle Tolleriret werden, und Mus der Fiscal nuhr das Auge darauf haben, das Keine der anderen abrug Tuhe, den hier mus ein jeder nach seiner Fasson Selich werden.«

So etwas mußte sich also die deutsche Sprache zweieinhalb Jahrhunderte nach Luther gefallen lassen! Sicher: Friedrich gab selbst zu, daß deutsch nicht gerade seine Stärke war, und er war durchaus keine Ausnahme. Es wurde im 17. und 18. Jahrhundert an allen deutschen Höfen vorwiegend französisch gesprochen, und somit war Französisch auch die Sprache der geistigen Oberschicht. Aber wenn man bedenkt, daß sich einer der größten Geister des Jahrhunderts, nämlich Lessing, vergeblich um eine preußische Staatsstelle beworben hat, ist man doch etwas perplex. »Der König will keine Deutschen«, bemerkte der Hugenotte Oberst Theodor Guichard, der sich für Lessing eingesetzt hatte, »er kann nur Franzosen in seinen Diensten gebrauchen.« Wofür Lessing sich in einer Szene seiner ›Minna von Barnhelm‹ auf seine Art rächte:

Riccaut de la Marlinière: Sie sprek nit französisch, Ihro Gnad? – *Das Fräulein:* Mein Herr, in Frankreich würde ich es zu sprechen suchen. Aber warum hier? Ich höre ja, daß Sie mich verstehen, mein Herr. Und ich, mein Herr, werde Sie gewiß auch verstehen; sprechen Sie, wie es Ihnen beliebt. – *Riccaut:* Gutt, gutt! Ik kann auk mik auf Deutsch explizier. – Sachez donc, Mademoiselle – Ihro Gnad soll also wiß, daß ich komm von die Tafel bei die Minister ... von der Kriegsdepartement. Da hab ik zu Mittag gespeisen; – ik speisen à l'ordinaire bei ihm, – und da iß man gekommen reden auf der Major Tellheim; et le Ministre m'a dit en confidence ...

Wenn auch die Ironie in dieser Szene etwas stark aufgetragen ist: Sie zeigt immerhin, daß Lessing die französische Sprache besser beherrschte als der König die deutsche. Außerdem soll man nicht glauben, daß es angesichts der Invasion durch fremde Vokabeln nicht auch immer wieder sehr besorgte Alarmrufe gegeben hätte, ähnlich denen, die heute wegen der ebenso beliebten wie verwünschten Anglizismen ausgestoßen werden. Schon Martin Opitz schreibt 1624 in seinem ›Buch von der deutschen Poeterey‹, das den vielsagenden Untertitel »Von der zubereitung und zier der worte« trägt: »So stehet es auch zum hefftigsten unsauber, wenn allerley Lateinische, Französische, Spanische und Welsche wörter in den text unserer Rede geflickt werden; als wenn ich wollte sagen: Nemt an die courtoisie, und die devotion, die euch ein chevalier, madonna, thut erzeigen; ein handvol von favor petirt er nun zue lohn und bleibet ewer Knecht und serviteur gantz eigen.« Und etwa fünfzig Jahre später stöhnt Hans Ludwig in seinem schon eingangs zitierten

›Altberliner Bilderbogen‹: »Die teutsche Sprache kommt ab, eine andere schleicht sich ein ...«

Es ist eben unvermeidlich, daß mit den Dingen und Ideen auch die Wörter ins Land kommen. Sprache ist immer Spiegel einer Lebensform, und so wie Friedrich von Preußen sein »Sanssouci« niemals »Ohnesorg« hätte nennen wollen, weil es eben nicht dasselbe ausgesagt hätte, so ist in unserer heutigen Welt, wo alles schnell gehen muß, ein *Flirt* nicht dasselbe wie eine Liebelei, ein *Job* keine Arbeit, ein *Babysitter* kein Kindermädchen, und *fastfood* hat so wenig mit einem Schnellimbiß oder gar mit einem Würstelstand zu tun, daß es vielleicht gar keinen deutschen Namen verdient. Aber es stimmt natürlich auch, daß Wörter nicht nur die Dinge der Welt benennen, sondern auch und vor allem unsere Vorstellung von ihnen. Sprache ist »Weltanschauung«, und »Sanssouci« erzählt uns ein wenig, wie man die Welt damals sah, oder zumindest, wie man sie sehen wollte. Denn ganz so »sorglos« dürfte es am Vorabend der Französischen Revolution ja doch nicht zugegangen sein.

STREIK

So verlockend und naheliegend es auch sein mag, dem **Streik** französische oder italienische Ahnen anzudichten: Das Wort »Streik« kommt vom englischen *strike*. In der deutschen Sprache ist das Wort »Strike« ab der Mitte des 19. Jahrhunderts im heutigen Sinn von Arbeitsniederlegung zu finden und taucht im Preußischen Jahrbuch 1894 erstmals in der eingedeutschten Form »Streik« auf. Also waren die ersten Arbeitsverweigerer Engländer.

Gewiß. Nur haben sie sich das Wort aus der deutschen Sprache geholt! Es gab im Deutschen nämlich den Ausdruck »die Segel streichen«, im Sinne von: die Segel einholen, den Kampf aufgeben, sich geschlagen geben. Dieses Seewort haben dann die Bergleute von Wales auf *to strike* konzentriert, den Umständen angepaßt und mit gewerkschaftlichem Kampfgeist aufgeladen: Sie legten die Arbeit nieder, sicher, aber nicht weil sie sich geschlagen gaben, sondern als Kampfansage.

In dieser Bedeutung kam dann das kapitulierende deutsche »streichen« als forderndes »streiken« in den deutschen Sprachraum zurück. Man versuchte zwar, das Wort »Streik« durch »Ausstand« zu ersetzen, aber wenn es wirklich heiß hergeht, eignet sich »Streik!« für Schlagzeilen wesentlich besser.

Doch es gibt noch einen anderen Grund für den Erfolg des Wortes »Streik«: Es klingt an den alten **Streich** an. Bevor der »Streich« nämlich zum mehr oder weniger bösen Scherz verkam, mit dem Max und Moritz die gute Witwe Bolte quälten oder die Schildbürger die Dummen spielten, war das Wort gleichbedeutend mit »Schlag« oder »Hieb«. So konnte zum Beispiel das tapfere Schneiderlein sieben Fliegen »auf einen Streich« ins Jenseits befördern. Auch der »Zapfenstreich« war zunächst »der Hieb auf den Zapfen« (das kegelförmige Holzstück, mit dem ein Faß geschlossen wird), der allabendlich für Söldner und Soldaten das Saufgelage beendete. Der Trompetenstoß, der im Dreißigjährigen Krieg den »Zapfenstreich« zur obligaten Sperrstunde machte, war Wallensteins Idee: Da er nämlich für seine ehrgeizigen Pläne eine möglichst effiziente Armee brauchte, mußte die Aufforderung zur Nachtruhe unüberhörbar sein.

Während aber im Englischen das Verb *to strike* weiterhin »schlagen« und »streiken« bedeutet, war das deutsche **streichen** die gleitende, ebnende Bewegung geblieben, mit der man eben früher, wenn man nicht mehr kämpfen wollte, »die Segel strich«. Heute streichen wir eine Wand oder die Fensterläden, streichen Butter aufs Brot oder die gekochten Johannisbeeren durch ein Sieb; man streicht einen Satz oder das »Nichtzutreffende«, man streicht ziellos durch Wiesen und Wälder, streicht sich das Haar aus der Stirn, und wenn es ganz behutsam zugehen soll, wird »streichen« zu »streicheln«. Die friedlichen Verwendungsmöglichkeiten des Verbs »streichen« sind ungeahnt zahlreicher als die kämpferischen, wie wir sehen. Ganz zu schweigen von der weitläufigen Familie des Stammverbs, das den »Landstreicher« und das »Streichinstrument«, die »Streichwurst« und das »Streichholz«, den »Gedankenstrich« und das »Strichmännchen« zu Verwandten macht.

Denn auch der **Strich** gehört zur Familie des Verbs »streichen«. Und es kann dieser »Strich« sowohl skizzenhaft locker sein als auch hart: Der Strich, der einem durch die Rechnung gemacht wird, und überhaupt alles, was uns gegen den Strich geht, gehört meist eher in den Bereich der Hiebe als in den der Streicheleien.

HEIL

Wenn wir gelegentlich sagen, wir seien **heilfroh** über den guten Ausgang einer Sache, wo wir wieder einmal »mit heiler Haut« davongekommen sind, greifen wir, ohne es zu wissen, auf einen ganz alten Sinn des Adjektivs **heil** zurück, nämlich: ganz, unversehrt, intakt. Das deutsche »heil« entspricht in der Tat ursprünglich dem englischen *whole,* und wer »heilfroh« war, war einfach »ganz und gar froh« und brauchte deshalb weder Ängste noch Gefahren überstanden zu haben.

Sehr bald aber hat sich zu dieser Grundbedeutung der Ganzheit und der Unversehrtheit auch die Gesundheit gesellt, und wir finden schon im Gotischen das abgeleitete Verb *hailjan,* das sowohl »gesund machen« als auch »gesund werden« bedeutete, also **heilen** im doppelten Sinn des Wortes. Ob ein Heilkräutertee den Husten heilt oder ob eine Wunde sich von selbst schließt und heilt: Es wird durch den Prozeß des Heilens immer »alles wieder gut«.

Man kann also verstehen, daß sich das Substantiv **Heil** auch schon früh zum Grußwort entwickelte. Zunächst speziell zum

Trinkgruß »Heil!«: »Gesundheit!«, »Zum Wohl!«, dann aber auch ganz generell zum Anruf (das englische *hail* wie das französische *héler* bedeuten jeweils »anrufen, herbeirufen«). Aber »Heil« bedeutete bald auch »Glück« und »gutes Vorzeichen«, weshalb es ja auch das »Unheil« gibt, das »heillose« Durcheinander oder die »heilsame« Erfahrung. Man wünschte sich mit »Heil!« also nicht nur Gesundheit, sondern auch Glück – was ursprünglich dasselbe war: Man war glücklich, weil man gesund war, während wir es heute zustande bringen, unglücklich zu sein, obwohl wir gesund sind. Es läßt sich diese allmähliche Trennung von Gesundheit und Glück ja auch in den verschiedenen Grußworten nachvollziehen: Wünschen sich nämlich die Bergleute mit »Glück auf!« wieder heil nach oben zu kommen, so wünschen wir dem Jäger mit »Weidmannsheil!« eher eine gute Jagd, und Turnvater Jahn machte »Gut Heil!« gar zum anspornenden Kampfruf.

Es ist nicht auszuschließen, daß diese Heilrufe letztendlich bei der Entstehung der internationalen Grußworte »Hallo!«, »Hey!« oder »Hi!« mitgespielt haben. Damit entspräche das anglo-amerikanische »Hi!« genau dem französischen »Salut!« oder dem schweizerischen »Salü!« – womit wir wieder bei der Gesundheit wären, denn das lateinische *salus* bedeutet ja »gesund sein« und ist in diesem Sinne zum Gruß geworden. In der Militärsprache blieb man übrigens gleich bei den lateinischen Verwandten: Man »salutiert« und läßt bei feierlichen Anlässen eine »Salve« schießen.

Da sich nun, wie wir sehen, das lateinische *salvus* und das deutsche »heil« in Bedeutung und Gebrauch ähnlich entwickelt haben, ist es nicht zu verwundern, daß die Kirche das lateinische *salvator* mit **Heiland** übersetzte. Der »Heiland« als – wörtlich – der »Heilende«, als der Retter und Erlöser; das »Seelenheil« folglich als Erlösung der Seele von ihren Sünden. Und im Zuge dieser Christianisierung des Stammes »heil« wurde dann das Adjektiv **heilig** geschaffen (englisch *holy*) ... und

»scheinheilig« gleich dazu! Ebenso wurde das profane »Salve Caesar!« zum christlichen »Salve Regina!«, welches nunmehr nicht die Königin begrüßt, sondern die Mutter Gottes anruft.

Freilich kann es vorkommen, daß in allzugroßer Erregung der »Heilige Himmelvater!« als »Heiliger Strohsack!« in die irdische Welt heruntergeholt wird, aber generell bleibt das Wort »heilig« doch in der weihevollen, ehrfurchtgebietenden Welt des Sakralen verankert. Ob allerdings Hitler, als er das »Heil!« für seine höchstpersönliche Anrede beanspruchte, damit den römischen Kaisergruß, das christliche Gebetwort an den Erlöser oder die militärische Ehrensalve gemeint haben wollte, oder gar alles zusammen, wissen wir nicht. Wir wissen nur vom Unheil, das aus diesem Zuviel an »Heil« entstand, und haben spätestens seither »die heile Welt« zur Illusion naiver, weltfremder Träumer erklärt.

HEUER

Wer vermuten sollte, daß das süddeutsche und vor allem österreichische »heuer« vom »Heurigen« kommt und also aus der Wachau oder aus Grinzing stammt, mißt entweder diesem besonderen Saft übermäßige Bedeutung bei, oder er hält sowohl den »Heurigen« als auch das dazugehörige »heuer« naserümpfend für regionale Folklore. Zumindest im zweiten Fall hat er damit unrecht.

Das Wort **heuer** ist nämlich keine dialektale Schrulle, sondern ebenso dudenfest wie **heute.** Beide Wörter haben althochdeutsche Ahnen: *hiu jaru* hieß »in diesem Jahr« und wurde durch Betonung auf der ersten Silbe zu »heuer«, ebenso wie *hiu tagu,* »an diesem Tag«, zu »heute« wurde. Auch das – diesmal tatsächlich dialektale – »heint« ist etymologisch astrein. Abgeleitet ist dagegen »der Heurige«: Er ist der »in diesem Jahr« gekelterte und noch während seiner ersten stürmischen Gärung getrunkene Wein.

Aus »heuer« entwickelte sich aber auch das Verb **heuern** (sowie »anheuern« und »abheuern«), das zuerst in der Seemannssprache auftauchte. Es hieß dort zunächst »ein Schiff mieten oder pachten« und dehnte dann diese Bedeutung auf das (jährliche) Anwerben der Schiffsmannschaft aus. »Die Heuer« wurde demnach die Bezeichnung für den Lohn der Seeleute.

Es wird allgemein angenommen, daß der Ausdruck »heuern und feuern« direkt vom englischen *»hire and fire«* übernommen wurde. Ob jedoch *hire* und »heuern« tatsächlich aus demselben Stall kommen, ist nicht belegt. »Gefeuert« wird trotzdem, wie wir wissen, ob das nun mit »heuern« zu tun hat oder nicht.

Auch ein anderes Mitglied der Familie »heuern«, so naheliegend die Verwandtschaft auch scheinen mag, ist ein Kuckucksei. Wer nämlich schon einmal durch Amsterdam geschlendert ist, hat gelegentlich an den Hausfassaden das Schild TE HUUR sehen können und sich vielleicht neugierig-verlegen gefragt, ob das nun etwa »Zur Hure« heißt oder nicht. Hier nun endlich die Antwort: nein! Das Verb *huren* heißt im Niederländischen »mieten, vermieten, pachten«, früher bedeutete es noch »in einem Mietwagen fahren« oder »ein Mietpferd reiten«. Auch das mittelniederdeutsche *hure* bedeutet nichts anderes als »Miete«. Und gemietet wird bekanntlich für den Zeitraum eines Jahres oder mindestens eines Monats.

Nein, die zu mietende Dame, die **Hure,** hat ihren eigenen Stammbaum, und die Wurzeln desselben reichen in jene graue Vorzeit zurück, seit der sie dem angeblich ältesten aller Geschäfte nachgeht. Sicher: Das germanische *harjo* bezeichnete zwar schon die außereheliche Liebe, also den Ehebruch, aber der indogermanische Verbstamm **ka-* mit der Bedeutung »teuer, begehrt, lieb«, ergab im Lateinischen *carus,* das immerhin mit dem italienischen *caro,* dem französischen *cher* und ... mit der »Karitas«, der christlichen Nächstenliebe, verwandt ist! Erst allmählich also wurde das »liebe, teure, wohltätige« Geschöpf zum sündhaft begehrten Weib und ihre ursprünglich karitative Berufung zum verwerflichen Beruf. Auch auf diese Weise können Wörter »wandern«, wie wir sehen.

Doch zurück zu *hiu jaru,* »heuer«, und dem Stammwort *jaru,* dem **Jahr**. Es war dieses »Jahr« ursprünglich einfach die Bezeichnung für den »Gang der Sonne«, bedeutete also daneben auch »Frühling« oder »Jahreszeiten« und begann in der Zeitrechnung der Menschen je nach Klima und Gegend zu verschiedenen Zeitpunkten. Das englische *twinter,* welches ein zweijähriges Schaf nach *twi-wintere,* also nach »zwei Wintern« benennt, läßt zum Beispiel darauf schließen, daß man im Norden die Jahre nach der rauhen Jahreszeit zählte, in der die Tiere zum Überwintern in den Stall gebracht werden mußten.

Und so wie das Jahr nach dem Lauf der Sonne benannt wurde, so war der **Monat** zunächst der »Mond«. Für die Germanen war der »Mond« sowohl das Himmelsgestirn als auch der Zeitraum von einem Vollmond zum andern, diente also der zeitlichen Orientierung, nicht aber der Jahreseinteilung. Erst unter dem Einfluß der Römer wurde der »Mond« zum »Monat«, man gliederte das Jahr in Monate und gab jedem seinen Namen: Januar wurde nach dem altitalischen Gott Janus benannt, dem Gott der Türen und Tore; Februar, der »Reinigungsmonat«, nach dem lateinischen *mensis februarius;* März nach dem Kriegsgott Mars, und so fort.

Und auch das Wort **Zeit** kommt aus der Natur: Es war ursprünglich die Bezeichnung für »Ebbe und Flut«, was sowohl im englischen *tide* als auch in unseren »Gezeiten« noch erkennbar ist. So gesehen erscheint uns »Zeit« mit einemmal nicht mehr als das, dem wir nachlaufen müssen, weil es uns ständig davonläuft, auch nicht als diese Kostbarkeit, die wir immer zu verlieren fürchten, sondern als Raum, als ruhig und regelmäßig atmender Raum. Es ist erstaunlich, daß wir mit Schrecken an die armen Menschen denken, die jahrhundertelang glaubten, die Erde sei eine Scheibe und Schiffe könnten ins unendliche Nichts stürzen, würden sie nicht brav an den

Küsten entlangkriechen, und daß wir es nun als Fortschritt betrachten, den ewigen Kreislauf der Zeit nervösen Quarzuhren anzuvertrauen, von denen die Sekunden und die Minuten pausenlos in irgendeine unergründliche Leere purzeln!

Zeit ist Raum, und wer's nicht glauben will, soll bei der Sprache nachfragen: Während nämlich Ortsangaben entweder im Lokativ (Dativ) oder im Direktiv (Akkusativ) stehen, je nachdem, ob wir eine Lage oder eine Richtung angeben, stehen *alle* präpositionalen Zeitangaben im Lokativ.

Wo treffen wir uns? – Vor dem Haupteingang. – Und wann? – Vor dem Mittagessen.

Wohin fährst du auf Urlaub? – In einen Kurort. – Und wann? – In einem Monat.

Ob etwas also in einer Woche stattfindet oder vor vielen Jahren war, Zeit ist immer das »Hier und Jetzt«, in dem wir leben.

KARTOFFEL

Kar-tof-fel. Was für ein eigenartiges Wort für diese volkstümlichste aller Früchte! Denn die Kartoffel, ob als Hauptgericht, Beilage oder Salat, ist in der deutschen Küche das, was jenseits des Rheins das Weißbrot ist: unentbehrlich. Woher also dieser Name?

Die **Kartoffel** kam etwa am Ende des 16. Jahrhunderts aus Lateinamerika nach Europa. Und zwar auf zwei Wegen: einerseits über Spanien, andererseits über Irland und England. Ob man tatsächlich zuerst die grünen Früchte des Kartoffelkrauts zu verzehren versuchte, bleibt dahingestellt, die unterirdische Knollenfrucht jedenfalls schmeckte so vorzüglich, daß man sie in Italien mit der Trüffel verglich und ihr den Namen *tartufo*, auch *tartufolo* gab. In Briefen des Landgrafen Wilhelm IV. von Hessen taucht 1591 zum erstenmal der Name *Taratopholi* auf, und gegen 1800 heißt sie in der Gelehrtensprache *Tartuffel*, auch *Tartüffel*, woraus schließlich unsere »Kartoffel« wurde.

Der andere sprachliche Weg führt von den peruanisch-chilenischen *papas* über die spanischen *patatas,* die italienischen *patate* und die südfranzösischen *patates* (neben *pommes de terre*) zu den englischen *potatoes.* Doch Süßkartoffeln werden auch in Flandern und Deutschland gelegentlich »Batata« genannt.

Dies zur offiziellen Namensgebung. Denn in Wirklichkeit steht in deutschen Landen die Zahl der Namen für die »Kartoffel« kaum hinter der ihrer Zubereitungsarten zurück: »Erdapfel«, »Erdbirn«, »Fletzbirn«, »Grundbirn«, »Krumbere«, »Nudel«, »Erdschocke«, »Erdrübe«, ja sogar »Erdkastanie«. Jedes Gebiet hat seine Bezeichnung für *seine* Kartoffel. Und hütet eifersüchtig die Geheimnisse *seiner* Kochrezepte. Denn ein österreichischer »Erdäpfelschmarrn« heißt nicht nur anders als das Schweizer »Gröschti«, er schmeckt auch völlig anders! Wie »Kartoffelklöße« anders schmecken als »Erdäpfelknödl«, »Kartoffelpuffer« anders als »Reibeplätzchen«, ganz zu schweigen vom »Kartoffelsalat«, der ein Kunstwerk ist und von dem es wahrscheinlich ebenso viele Varianten gibt wie Hausfrauen. »Ach, der Kartoffelsalat meiner Mutter ...! Ein Gedicht!« Da der Fortschritt aber nicht aufhört fortzuschreiten, ungeachtet regionaler beziehungsweise nationaler Grenzen, gibt es inzwischen noch einige Kartoffelgerichte mehr. Sie heißen »Püreeflocken«, »Chips« und »Pommes« und haben eines gemeinsam: Sie schmecken überall gleich.

Das ist ein etwas ungerechtes Los für die gute Kartoffel, denn abgesehen davon, daß man jetzt endlich wieder weiß, daß sie gesund ist und nicht dick macht, hat sie immerhin am Anfang ihrer europäischen Laufbahn vielen Menschen das Leben gerettet. Und das kam so: Um 1500 etwa gab es in Europa eine Art Epidemie, das Mutterkorn. Dies ist ein stark giftiger Schlauchpilz, der vorwiegend auf Roggenähren schmarotzt und der Mutterkorn genannt wurde, weil man mit diesem Pilz gewisse Erkrankungen der Gebärmutter behandelte. Viel später hat man aus dem Mutterkorn, von dem man inzwischen wußte, daß es hochwirksame Alkoloide wie Ergotamin und Ergobasin enthält, das halluzinogene LSD hergestellt. Damals aber, im 16. Jahrhundert, war also das Getreide über weite Landstriche krank und machte auch die Menschen krank. Als dann die Kartoffel kam, aß man weniger Brot, und die Krankheit ging zurück.

Dazu möchte ich eine Geschichte erzählen, die mir seinerseits ein Arzt, Spezialist für Geschichte der Medizin, vor dem »Isenheimer Altar« im Colmarer Unterlindenmuseum erzählt hat. Die schrecklichen Untiere auf dem Altarbild »Die Versuchung des Hl. Antonius«, die stellenweise bloß skizzierten Formen, aber vor allem die geradezu surrealistischen Blau- und Orangefarben auf anderen Tafeln hatten zur Frage geführt, »wie man damals *so* malen konnte«. Ganz einfach, sagte der Arzt, Grünewald hatte Visionen, weil er das damals mutterkornkranke Brot aß. Daß die Antoniter 1512 ausgerechnet Matthias Grünewald mit der Gestaltung des Flügelaltars für ihr Kloster in Isenheim beauftragten, ist allerdings das, was man Ironie der Geschichte nennt. Denn gerade die Antoniter bemühten sich, die mutterkornkranken Menschen, die nach ihrer Überzeugung »vom Teufel besessen« waren, in ihr Kloster aufzunehmen und zu bekehren. Was teilweise gelang. Die Schweine nämlich, die damals frei auf der Straße herumliefen und von den verschiedenen Abfällen lebten, welche man vor der gesegneten Zeit der Müllabfuhr einfach aus dem Fenster warf, diese Schweine also gehörten nach einem ungeschriebenen Gesetz den Antonitern. Und so bekamen die »Besessenen« im Kloster auch regelmäßig Fleischgerichte, aßen also weniger Brot und retteten dadurch ihren Leib ... und ihre Seele.

Ein halbes Jahrhundert später kam dann die Kartoffel ...

STIEFMÜTTERCHEN

»Viola tricolor« nannte Theodor Storm eine seiner Novellen, in der er mit großer Zärtlichkeit von den Schwierigkeiten einer zweiten Ehe erzählt. **Stiefmütterchen.** Denn *viola tricolor* ist der lateinische Name für diese dreifarbige Blume aus der Familie der Veilchen. Seltsam, denn wenn wir sie ansehen, denken wir eher an das Gesicht eines Kätzchens als an irgendein Märchen mit einer bösen Stiefmutter. Wie ist wohl das »Stiefmütterchen« zu seinem Namen gekommen?

Sprachforscher erzählen es uns: Schon seit etwa 1600 heiße diese Blume so, und ihr Name sei auf einen besonders aufmerksamen Botaniker zurückzuführen, dem die eigentümliche Verteilung der fünf Blütenblätter auf die fünf Kelchblätter aufgefallen war. Das größte Blütenblatt nämlich – die Mutter – thront auf zwei Kelchblättern, sozusagen auf zwei Stühlen. Die beiden Blütenblätter rechts und links von ihr – die leiblichen Töchter – haben je einen Stuhl zur Verfügung, während sich die beiden letzten Blütenblätter – die Stieftöchter – das fünfte Kelchblatt teilen müssen, also offenbar stiefmütterlich behandelt werden. So sind wir also sehr wohl im Märchen mit der bösen Stiefmutter, wenn auch die Diminutivform uns wieder versöhnlich stimmt. Ein Mütterchen ist etwas Liebes; auch ein Stiefmütterchen. Und so hat Storm es wohl gemeint.

Das führt uns weiter zu der Frage, was denn das Wort »stief« ursprünglich bedeutet hat. Das Ausgangswort scheint *stupr,* »Stiefsohn«, zu sein und auf ein Verb zurückzugehen, das »berauben« bedeutete. Also der Eltern beraubt, wie ja auch im Lateinischen *privignus,* der Stiefsohn, neben *privus* steht (*privare:* berauben, verstoßen). Das Stiefkind war demnach vor der Stiefmutter da, und diese dürfte wohl eher ein barmherziger Mensch gewesen sein und nicht die ungerechte, eifersüchtige, böse Person, die die Märchen aus ihr gemacht haben. Aber Vorsicht mit den Märchen! Sie sagen die Wahrheit auf ihre Art und werden schon gewußt haben, wen oder was sie mit dieser »Stiefmutter« meinten.

Denn es ergeht der **Schwiegermutter** – auch ohne Märchen – ja kaum besser. Auch sie muß herhalten, wenn es darum geht, über die Unzulänglichkeiten der menschlichen Beziehungen zu klagen. Die Franzosen haben übrigens für sie einen ganz besonders schmeichelhaften Namen: *belle-mère,* »schöne Mutter«, was aber, soviel ich feststellen konnte, an ihrem Ruf nicht viel ändert: Schwiegermütter sind schwierig. Irgendwer muß es ja sein.

Daß aber die gesamte Schwiegerfamilie in Wirklichkeit vom **Schwager** abgeleitet ist, also einem männlichen Wesen, wird wohlweislich vergessen. Der »Schwager« bezeichnete anfangs ausschließlich den »Bruder der Frau«, später aber auch den »Bruder der Geliebten«. Im 18. Jahrhundert wurde dann »Schwager« zunächst auch zur studentischen Anrede von Nichtstudenten (während Studenten untereinander sich mit »Bruder« anredeten, nachdem sie ausgiebig »Bruderschaft getrunken« hatten), und schließlich wurde der »Schwager« ganz generell zum Postillon, den Goethe in seinem ›Schwager Kronos‹ verewigt und zur symbolischen Figur gemacht hat. Man mag den Weg des »Schwagers« vom Bruder der Frau zum Bruder der Geliebten und schließlich zur mythischen Figur für romantisch halten – er scheint mir mindestens ebenso erzählenswert wie alle Geschichten über Schwiegermütter zusammen.

Auch die **Schwiegertochter** hat übrigens etwas zu erzählen. Sie hieß nämlich ursprünglich »Schnur« – noch bei Luther lesen wir in der Tat: »Naemi mit ihrer Schnur Ruth«. Aber da gab es noch eine andere »Schnur«, eine, die mit dem englischen *snare* (Schlinge, Falle) verwandt ist, und diese lautliche Übereinstimmung schien dann wohl noch peinlicher als die sprachliche Nähe zur Schwiegermutter ...

Da wir schon beim Familienklatsch sind: Die **Wette** – richtig, die Wette, die wir eingehen, gewinnen oder verlieren und der wir auch unsere »Wettbewerbsfähigkeit« verdanken – geht auf ein gotisches Wort zurück, *wadi,* welches »Pfand« bedeutete, oder auch »Einsatz«. Es bezeichnete also das, worum es ging: ein Stück Land, ein Pferd, oder ... eine Frau.

Jawohl! Denn das Verb »wetten« bedeutete ursprünglich – und dies in allen germanischen Sprachen – »verloben«, auch »heiraten«, was das englische *to wed* (heiraten) und *wedding* (Hochzeit) ja heute noch belegt. Bei den Germanen war in der Tat die Kaufehe lange Zeit eine sehr verbreitete Praxis, und sie wurde abgeschlossen wie jeder andere Handel auch: mit Gegenwert, Handschlag und Ehrenwort. Ob allerdings im Fall des Brautkaufs auch noch zusätzlich um die Haltbarkeit einer solchen Ehe gewettet wurde oder um ihre Ergiebigkeit, darüber schweigen sich die Sprachforscher aus. Sie wollen wohl für die Tatsache, daß eine Eheschließung immer (noch) eine Art Wette ist, nicht verantwortlich gemacht werden und wechseln das Thema. Wir auch.

Alltagswörter

Zum wiederholten Mal erklärt die Englischlehrerin, daß ein Engländer, wenn er seit zwei Wochen in London ist, sagt: *»I have been in London for two weeks«*, und nicht: *»I am ...«*. Der Schüler verbessert achselzuckend seinen Fehler, hält die Engländer endgültig für Schwachköpfe und mault: »Aber in Wirklichkeit *ist* er doch in London!«

Diese kleine Szene lehrt uns zweierlei: Erstens, wie sehr wir von unserer eigenen Sprache annehmen, sie sage die Dinge so, wie sie »wirklich« sind; zweitens, wie schwer es ist, sich von vertrauten Denkstrukturen zu lösen und die Dinge auch »anders« zu sehen. *»Eppur', si muove!«* – »Und sie dreht sich doch!« behauptete Galilei, und wir wissen, wie lange es brauchte, bis die Menschen diese »neue Wirklichkeit« akzeptieren konnten, nämlich, daß die Erde nicht Mittelpunkt des Universums ist, sondern ein Himmelskörper, der um die Sonne kreist wie viele andere auch.

Es verhält sich mit Sprachen ganz ähnlich: Keine ist »Mittelpunkt des Universums«, und doch ist jede eine Welt für sich. Und nicht einmal das, denn sie *ist* diese Welt nicht, sondern sagt nur, wie wir Menschen sie jeweils sehen und empfinden, und wir sprechen nicht umsonst von »Weltanschauung«. So haben zum Beispiel Eskimos vierzig Wörter für »Schnee« und zwanzig für »Kälte«. Können wir uns vorstellen, vierzig verschiedene Schneearten so deutlich zu unterscheiden, daß für jede ein eigenes Wort nötig wäre? Dagegen kommt die Sprache der Hopis – Puebloindianer, die in Arizona leben – mit einem einzigen Substantiv aus für alles, was fliegt (mit Ausnahme der Vögel), also für Insekten, Flugzeuge und Piloten, was uns ebenso unvorstellbar scheint. Doch brauchen wir gar nicht so weit zu gehen: Die französische Sprache deckt mit *homme* die deutschen Begriffe »Mensch« und »Mann«, und Frauen wollen neuerdings ausdrücklich betont haben, daß die »Menschenrechte«, *Les Droits de l'Homme,* auch *Les Droits de la Femme* sind! Die deutsche Sprache dagegen bezeichnet mit »Mann« sowohl das männliche Wesen als auch den Gemahl und mit »Uhr« sowohl den Gegenstand als auch die Zeitangabe. Keine Sprache ist lückenloses Abbild der Wirklichkeit, sondern jeweils unsere besondere Art, sie wahr-zu-nehmen und aus-zu-wählen, was wir für nennenswert halten und was nicht.

Dazu kommen noch die sogenannten Konnotationen. Dies sind Wörter, Bilder, Gefühle, die sich für den einen oder anderen spontan mit einem Wort oder einem Ausdruck verbinden. Wenn ich persönlich zum Beispiel »Brot« sage, sehe ich einen kleinen runden Laib, Schwarzbrot natürlich, das noch warm ist und nach Kümmel riecht, und ich denke an Butter, Honig und Kaffee. Bei *pain* ist spontan die knusprige *baguette* da, schlank, blond, immer zu lang für den Einkaufskorb, und ich genieße beinahe schon den Käse und den Schluck Rotwein dazu ... Warum sagen wir lieber »Parfum« als »Duftstoff«? Was unterscheidet einen »Gentleman« von einem »feinen Herrn«? Riecht das Parfum nicht auch ein wenig nach französischer Eleganz, und beherrscht ein Gentleman nicht die ganz besondere britische Kunst der Zuvorkommenheit?

Und schon sind wir beim Klischee! Das heißt bei diesem willkürlichen Stereotyp, von dem eine Handvoll genügt, meinen wir, um die »Mentalität« des andern von der eigenen abzugrenzen. Nur hat die Sache ihre Kehrseite: Auch wir sind nämlich solche »andere«, und es kann vorkommen, daß ausländische Germanisten über den Sinn gewisser deutscher Wörter nachdenklich den Kopf schütteln und meinen, es sei kein Wunder, daß die Deutschen so diszipliniert, so tüchtig, so rechtschaffen seien. Bei *der* Sprache! Um Beispiele gebeten – bitteschön! –, verweisen sie darauf, wie ausdrücklich die Deutschen darauf bestehen, ihr Geld auch wirklich »verdient« zu haben; jede »Gepflogenheit« werde ihnen zur »Pflicht«, »Tüchtigkeit« sei für sie die »Tugend« schlechthin, und »Schulden« zu haben quäle sie nicht zufällig mit »Schuldgefühlen« ...

Sind das nun Klischees, oder ist doch etwas Wahres daran? Wie kamen wir zu unseren Alltagswörtern, über die Außenstehende uns Fragen stellen, an die wir selbst nie gedacht hätten? Wie antworten wir, wie antworten diese Wörter auf solche Fragen?

HEISSEN

»Heute back ich, morgen brau ich,
übermorgen hol ich der Königin ihr Kind;
ach, wie gut, daß niemand weiß,
daß ich Rumpelstilzchen heiß!«

»Wie heißt es denn?« fragt die Hebamme und begrüßt den neuen Erdenbürger mit seinem Namen. Und während der Vater zum Standesamt geht, erfindet die Mutter die ersten Kosenamen. Später zeigt das Kind auf alle Dinge und möchte von jedem wissen, wie es heißt. Was es benennen kann, gehört zu seiner Welt, gehört also ihm. In der Schule wird es lernen, seine Sprache zu beherrschen und sich Wissen anzueignen. Noch später wird es als Tourist den Reiseführer nach allen Namen fragen, nicht weil es alles besitzen möchte, auch nicht, weil es sich alle Namen merken will, sondern weil es beruhigt. Jeder Fluß, jeder Berg, jede Pflanze heißt irgendwie, und so ist alles in Ordnung. **Namen** als ordnendes Prinzip, als Schutz gegen die Angst vor dem Namenlosen.

Nicht nur. Nomaden in der Mongolei, habe ich gelesen, warten ein Jahr, bevor sie einem Neugeborenen einen Namen geben: Neidische Götter oder böse Geister sollen keine Gewalt über es haben. Als schütze die Namenlosigkeit vor Zugriff und Besitzergreifung. Wir brauchen aber gar nicht so weit zu gehen, um diesen alten Glauben bestätigt zu finden. Das Rumpelstilzchen hat in dem Augenblick verloren, wo die Müllerstochter – beziehungsweise die junge Königin – zu sagen weiß, wie es heißt. Wer Namen gibt oder gebraucht, hat Macht.

In Richard Wagners ›Lohengrin‹ wird das Thema des Namens ein weiteres Mal abgewandelt. Der unbekannte Ritter fordert von Elsa:

»Nie sollst du mich befragen,
noch Wissens Sorge tragen,
woher ich kam die Fahrt,
noch wie mein Nam' und Art!«

Doch Elsa ist diesem Gebot der Gralsritter nicht gewachsen. Unfähig, das Unbekannte und Namenlose zu ertragen, nicht zu wissen, »wer er sei«, fragt sie Lohengrin nach seinem Namen – und verliert ihn. Denn auch das ist richtig: Was benannt ist, verliert seinen Zauber, ist wie ein Kieselstein, der im Wasser noch so farbig glänzte und nun in unserer Hand nichts anderes ist als ein grauer, lebloser Stein, wie Tausende andere auch.

Wir gebrauchen heute das Verb **heißen** fast nur mehr intransitiv (»Ich heiße Peter«) oder im Sinn von »bedeuten« (»Was heißt das?«). Das althochdeutsche *heizzan* wie das mittelhochdeutsche *heizen* bedeuteten jedoch sowohl »nennen« als auch »gebieten, befehlen« und »versprechen«. Das Verb war lange Zeit transitiv, also ein Verb mit Akkusativobjekt. »Ich heiße dich Peter« wurde ursprünglich ebenso als Machtwort verstanden wie der Befehl »Ich heiße dich aufstehen«. »Auf Geheiß des Königs« hieß es, und der Befehl wurde zum Gebot.

Das ist nicht nur in der deutschen Sprache so: Das englische *call*, das französische *appeler*, das italienische *chiamare* enthalten alle den Doppelsinn von »heißen« und »(herbei)rufen«. Deutlicher noch ist es im Alten Testament, wo Gott zu Jakob sagt: »Ich habe dich beim Namen gerufen, du bist mein.« Auch den Menschen ist seit Adam die Macht gegeben, »jeglichem Ding seinen Namen« zu geben. Eine Macht, die er gebraucht, oft auch mißbraucht. »Das Herrscherrecht, Namen zu geben«, schreibt Nietzsche, »geht so weit, daß man sich erlauben sollte, den Ursprung der Sprache selbst als Machtäußerung der Herrschenden zu fassen. Sie sagen ›Das ist das und das‹, sie siegeln jegliches Ding und Geschehen mit einem Laute ab und nehmen es dadurch gleichsam in Besitz.« (›Zur Genealogie der Moral‹)

Doch war im alten *heizzan* auch das Versprechen enthalten, die **Verheißung,** das »Verheißungsvolle«, welches zu Erwartung und Hoffnung berechtigt. Und wenn Jesus den Lahmen aufstehen »heißt«, so ist das kein Befehl im autoritären Sinn des Wortes, sondern ein Angebot. Es wird durch dieses »heißen« dem Lahmen die Möglichkeit gegeben, daran zu glauben, daß er aufstehen kann. Dies ist die magische Kraft der Worte.

Und der Namen. Es mag uns erstaunen, wenn etwa ein Asiate uns höflich fragt: »Wie heißt du?« und wenn er den Namen gehört hat, ebenso höflich die für ihn selbstverständliche zweite Frage stellt: »Und was bedeutet das?« Menschen anderer, vor allem orientalischer Länder können nahezu alle Wörter ihrer Sprache zu Eigennamen machen und nennen ihre Kinder »Lotosblume« oder »Tigerauge«, während dieser Brauch und diese Möglichkeit bei uns im Laufe der Zeit nahezu verschwunden sind. Nur wenige Menschen können sagen, was ihr Vorname bedeutet oder bedeutet hat. Dabei denken sich doch alle Eltern etwas bei der Namensgebung, und es ist wohl immer ein Wunsch damit verbunden: Sie vertrauen ihr Kind einem Schutzheiligen an, nennen es nach einem lieben Verwandten oder Freund, damit es ihm ähnlich werde, oder legen ihre Hoffnungen in den Namen einer berühmten Persönlichkeit, die Vorbild sein soll.

»Nomen est omen« sagten die alten Römer, »der Name ist (Vor)Zeichen«, und das gilt nicht nur für Namen im engen Sinn des Wortes. Sind es wirklich »nur Worte«, wenn wir jemanden dauernd einen Dummkopf, einen Geizhals, einen Tolpatsch oder einen Feigling nennen? Pflanzen wir in ihm nicht zumindest den Keim zur bangen Frage, ob er denn wirklich das sei, was wir ihn (zu sein) geheißen haben?

DIE DEUTSCHEN

Die Art, wie die Deutschen über ihre Identität sprechen, kann für Ausländer sehr verwirrend sein. Nehmen wir zum Beispiel folgende Überlegung aus Peter Schneiders ›Mauerspringer‹, der 1982 erschien, und die ich damals meinen Studenten vorlegte – soll ich sagen: vorzulegen wagte?

»Ich bin letztes Jahr vierzig geworden, die beiden Staaten, die das Wort ›deutsch‹ in ihren Initialen führen, haben gerade ihren dreißigsten Geburtstag gefeiert. Ich bin also knapp zehn Jahre älter als der Staat, der da neben mir und in mir aufgewachsen ist. Schon aus Altersgründen kann ich ihn nicht mein Vaterland nennen. Hinzukommt, daß dieser Staat nur einen Teil des Landes repräsentiert, das mein Vaterland wäre. Falls mein Vaterland existiert, so ist es kein Staat, und der Staat, dessen Bürger ich bin, ist kein Vaterland.«

Es genügt also offensichtlich nicht, meinten die jungen *Grande Nation*-Franzosen, daß sie »der Deutsche« in seiner Eigenschaft als substantiviertes Adjektiv vor grammatikalische Schwierigkeiten stellt – der Deutsch*e* aber ein Deutsch*er*, die Deutsch*en* aber Deutsch*e*, alle Deutsch*en* aber viele Deutsche ...! Jetzt kommt er auch noch mit seiner Identität, in der er sich selbst nicht zurechtzufinden scheint. Muß das sein?

Es muß. Und beides, Grammatik und Identität sind nicht ohne Zusammenhang. Denn die Frage, was die Deutschen denn nun eigentlich sind, hat sich nicht erst zur Zeit der Teilung gestellt. Schon längst vorher konnte sich der eine oder andere gelegentlich fragen, warum wohl die Deutschen von den Franzosen *Allemands,* von den Engländern und Amerikanern *Germans,* von den Italienern *Tedeschi* genannt werden. Was sind diese Deutschen nun eigentlich? »Alemannen«? »Germanen«? »Teutonen«? Und warum nennen sie selber sich »Deutsche«?

Als **Alemannen,** das vom gotischen *ala-mans,* sozusagen »jedermann«, kommt, würden sie sich in der Tat nicht sonderlich von anderen Menschen unterscheiden. Gerade um diesen Unterschied aber ging es den Bewohnern Frankreichs, denn schließlich geht ja der Name ihres eigenen Landes und ihrer eigenen Sprache auf die germanischen Franken zurück, oder genauer gesagt auf das Frankenreich der Merowinger, das zur Zeit von Clovis I. immerhin bis an den Atlantik reichte. Die fränkische Oberschicht sprach romanisch, das aus Gott weiß welchen Gründen *francisce* genannt wurde, die Sprache der besiegten *Alamans* (oder auch *Alémans*) nannte man schließlich *allemand.* Eine Bezeichnung, die sich damals tatsächlich mit dem heute noch in der Schweiz, im südlichen Elsaß und im Badischen gesprochenen »Alemannisch« deckte, später aber global für die deutsche Sprache galt.

Aber bezeichneten die Deutschen nicht ihrerseits alle romanischen Sprachen als »welsch« (ein Wort, das ursprünglich generell die Kelten, später den keltischen Sklaven bezeichnete)? Und wie kommt es, daß man unverständliches Zeug »Kauderwelsch« nennt? Warum wurde aus »kauerwelsch«, der biederen Sprache der Leute von Kauer (Chur, Graubünden), das nicht gerade schmeichelhafte Kauderwelsch? Und warum nennen wir die Gaunersprache »rotwelsch« und bezeichnen damit wörtlich »das unverständliche (also verdächtige) Idiom«, in dem zwielichtige »Rotten« sich verständigen? Man sieht, es geht bei Namensgebungen weder besonders genau noch besonders freundlich zu. Und auch nicht besonders konsequent. Denn die Franzosen sprechen zwar von den *Allemands,* nennen deren Sprache *la langue allemande,* aber den Deutschsprachigen nennen sie *germanophone* und den Deutschen Ritterorden *L'ordre Teutonique*!

Germanen sind die Deutschen zweifelsohne auch. Daß aber

gerade die ebenfalls germanischen Angelsachsen sie so nennen, um sich von ihnen zu unterscheiden, mag erstaunen. Erwähnenswert ist in diesem Zusammenhang jedoch, daß sowohl französische als auch englische Sprachforscher die Bezeichnung »indogermanisch« anfechten und sie durch »indoeuropäisch« ersetzen. Das Wort »indogermanisch« wurde 1823 von dem deutschen Orientalisten H. J. Klapproth geprägt und bezeichnet die erschlossene – das heißt durch Schlußfolgerungen ermittelte und als solche mit einem * gekennzeichnete – Grundsprache aller europäischen Sprachen außer der baskischen, der finnischen und der ungarischen. Wenn man bedenkt, daß auch Altgriechisch und Latein zur Familie der »indogermanischen« Sprachen gehört, wäre es in der Tat naheliegend, daß sich auch im deutschen Sprachraum generell die Bezeichnung »indoeuropäisch« durchsetzt.

Auch **Teutonen** sind die Deutschen, und das italienische *tedesco* ist dem Wort »deutsch« durchaus verwandt. Es stammt aber aus einer Zeit, in der man noch glaubte, *diutisk* oder *tiutsch* komme vom Namen eines germanischen Stammvaters, nämlich »Teut«. Und da Karl der Große darauf bestand, daß in der Lombardei *theodisce* gesprochen werde – ein Wort, das nebenbei einen Zusammenhang mit dem griechischen *theos* (Gott) suggeriert –, nannten die Italiener diese Sprache *tedesco*.

Die Deutschen selbst haben sich erst im 19. Jahrhundert von ihrem vermeintlichen Stammvater Teut getrennt: als nämlich Sprachforscher gegen das übliche »teutsch« das heutige »deutsch« durchsetzten. Durch diese heilsame Richtigstellung bekamen übrigens die Deutschen einen nahen Verwandten mehr: den Niederländer, den die Briten »*dutch*« nennen, also wörtlich genommen einen Deutschen. Zugegeben: Die Familiengeschichte der Deutschen ist nicht gerade einfach ...

Dabei sind wir aber erst am Anfang. Das Adjektiv **deutsch** kommt vom althochdeutschen *diutisk* und bedeutete zunächst »volkstümlich«, »zum Volke gehörig«. Das Verb **deuten** ist übrigens mit »deutsch« verwandt und hieß ursprünglich »dem Volk übersetzen, erklären, verständlich machen«. Es war nämlich die Aufgabe der Priester, aus dem Opferbefund den Willen der Gottheit zu »deuten«, ihn den Menschen »auf gut deutsch« zu erklären. Das Adjektiv »deutsch« bezeichnete also weder ein Land oder einen Staat noch ein bestimmtes Volk, sondern bezog sich auf die Sprache des Volkes im allgemeinen, die man mit diesem Adjektiv von der lateinischen Sprache der Kirche und der Gelehrten unterschied. Ein Deutscher war jedermann, der dieses »Volksidiom« sprach, und auch wenn dieses »Deutsch« lange Zeit alles andere als eine einheitliche Sprache war, bezieht der Deutsche seine Identität aus dieser »Sprache des Volks«.

Wollte man sich in Wortklaubereien versteigen, könnte man sagen, daß sowohl das Wortpaar »deutsche Sprache« als auch »deutsches Volk« im Grunde »weiße Schimmel« sind. Aber lassen wir das. Ein Deutscher, Deutsche, die Deutschen heißen so, weil sie deutsch sprechen. Daß auch Österreicher und Schweizer dies tun, ist eine andere Geschichte, die wir aber hier nicht erzählen wollen. Sie würde nämlich zu der Frage führen, was denn eigentlich unter »Deutschland« genau zu verstehen sei, und das ist »ein zu weites Feld« für einen so schmalen Band.

ARBEITEN

Arbeit, scheint es, regiert die Welt. Zumindest das Wort ist allgegenwärtig: Arbeit teilt die Menschen in Arbeitnehmer und Arbeitgeber, Geldverdienen ist Erwerbsarbeit, einkaufen Konsumarbeit, seine Wohnung tapezieren Eigenarbeit, und wenn wir einen lieben Menschen verlieren, sollen wir neuerlich, statt Trost zu suchen, Trauerarbeit leisten. Dementsprechend zahlreich sind denn auch die verschiedenen Verbindungen, die das Verb **arbeiten** eingehen kann: Man kann ein Thema (oder jemanden) »bearbeiten«, sich »hinaufarbeiten« (oder herunterwirtschaften), man kann ein Dossier (oder die Nacht) »durcharbeiten« und sich dabei »überarbeiten« oder »aufarbeiten«, man kann »vorarbeiten« und »nacharbeiten«, »verarbeiten«, »wiederverarbeiten« und so fort.

Arbeit ist also die Norm, sagt unsere Sprache dem Arbeitslosen, während zum Beispiel die alten Römer durch *negotium* (Nicht-Muße) ausdrückten, was Arbeit für sie war: das beschwerliche Gegenteil des müßigen Normalzustands. Man wird einwenden, daß die alten Griechen und Römer leicht reden hatten. Während nämlich sie (das heißt die Oberschicht) über die Dinge der Welt nachdachten, diskutierten, Kunstwerke schufen, Politik trieben, Kriege führten und Spiele veranstalteten, waren Sklaven da, die Arbeit zu verrichten.

Das änderte sich mit dem Christentum und der christlichen Arbeitslehre, einer zunächst recht zweischneidigen Sache: Arbeit wird zwar zum moralischen Wert, ist ein gottgefälliges, lebenserfüllendes Gutes, aber sie ist gleichzeitig ein moralisches Muß, denn schließlich haben wir uns das Paradies durch unsere eigene Unverfrorenheit verscherzt. »Im Schweiße deines Angesichts sollst du dein Brot essen«, heißt es im Buch Moses, und der Arbeitsapostel Paulus ist noch deutlicher, wenn er sagt: »So jemand nicht will arbeiten, der soll auch nicht essen.« Der Fortschritt bestand also vor allem darin, daß nun das Leben nicht nur für die Sklaven aus Arbeit bestand, sondern daß dies künftig für alle getauften Christen galt, mit der Zusatzklausel, daß arbeiten zwar gut und notwendig sei, sich bereichern jedoch sündhaft. Es ist also kein Zufall, daß das Wort »arm« mit »Arbeit« verwandt ist.

Bedauerlich ist allerdings, daß das Verb »arbeiten« die Verben »schaffen« und »werken« aus dem Alltag nahezu verdrängt hat. Zumindest in deren alter Form und Bedeutung. Denn **schaffen**, in dessen Familie alles »Schöpferische« gehört, scheint seit Luther dem »Schöpfer« vorbehalten, und das edle »schaffen« ist in seinen modernen Verbindungen ein schwaches Verb geworden, das wir brauchen und gebrauchen, wenn wir uns einen

Rasenmäher »anschaffen«, eine Bestätigung »verschaffen« oder ein Gesetz »abschaffen«. So wie das Verb **werken** (englisch *to work*), dem wir immerhin das »Handwerk« und das »Werkzeug«, aber auch das »Kunstwerk« verdanken, höchstens noch im Sinne von »basteln« gebraucht wird. Schade.

Denn **arbeiten** war schon immer eine recht traurige Sache. Das indogermanische **orbho-s* hieß »verwaist«, benannte später »ein zu schwerer körperlicher Arbeit verdingtes Kind«, und ist dann aus dem germanischen Sprachbereich verschwunden. Im Slawischen jedoch entstanden aus dem indogermanischen Stamm Wörter wie *robû, rob, robot,* die jeweils »Knecht«, »Sklave« und »schuften« bedeuten, was schon darauf hinweist, daß es sich bei der »Arbeit« um mühseliges, gehorsames Ausführen einer auferlegten Pflicht handelt, ohne Raum für persönliches »Schaffen« oder selbstbestätigendes »Werken«.

Das slawische *robot* finden wir im althochdeutschen *ar[a]beit* wieder, das sich über das mittelhochdeutsche *ar[e]beit* zu »Arbeit« entwickelte – und auch zu **Roboter.** Die Prager Juden, erzählt man, beauftragten einen »Roboter«, nachts durch die Straßen zu gehen und zu verhindern, daß Christen ihnen Kinderleichen vor die Tür legten, um sie nachher des Kindermordes zu beschuldigen. Allgemein war »Roboter« die Bezeichnung für einen schwer arbeitenden Menschen, ein Arbeitstier sozusagen, bis wir dann im 20. Jahrhundert den Maschinenmenschen so benannten. Für die Sprache jedoch sind »Arbeit« und »Roboter« weiterhin nahe Verwandte.

Und wie gesagt gehört auch **arm** zu dieser Familie: Das verwaiste, zur Arbeit verurteilte Kind war »arm«. Und wer ein Herz hatte für die Armen, war »arm-herzig« *(miseri-cors),* ein Wort, das später aus lautlichen Gründen zu **barmherzig** wurde und das Kernwort christlicher Nächstenliebe lieferte, das **Erbarmen.**

Ein weiteres Mitglied der Wortfamilie von »arbeiten« ist das **Erbe.** Dieses Wort bedeutete ursprünglich »das Besitztum der Waisen« und bestand wohl nur aus Armut und dem damit verbundenen Arbeitenmüssen. Damit aus diesen besitzlosen Waisen die lachenden Erben werden konnten, bedurfte es einer weiteren Etappe in der Einstellung zur Arbeit. Sie kam mit der Reformation: Die protestantische Ethik predigte zwar weiterhin harte Arbeit, und diesmal wirklich für alle (meinte Luther und dachte dabei weniger an den Adel als an den Klerus), doch wurde diese Arbeit nun belohnt: Man mußte nicht mehr in seiner von Gott bestimmten Rolle ausharren und sich bestenfalls mit einem Spruch wie »die letzten werden die ersten sein« trösten, sondern man hatte die Möglichkeit, ja die Pflicht, »etwas zu leisten«, »jemand zu werden«, »etwas aus sich zu machen«, »es zu etwas zu bringen«. Arbeit wurde zur »Berufung« – das hieß in Luthers Sprache: zum Gebot –, und zum **Beruf,** der Tätigkeit, mit der man nicht mehr nur sein Brot, sondern auch sein Geld verdiente. Es durfte jetzt zu mehr reichen als nur zum Überleben, man konnte das erarbeitete Zuviel vererben und durfte gleichzeitig seinen Erfolg auch zur Schau tragen. Handwerker, Kaufleute, Beamte, die es zu etwas gebracht hatten, ließen sich in Samt und Seide porträtieren, den Blick stolz und selbstbewußt auf die kommenden Generationen gerichtet, denn daß sie betucht waren, zeugte von ihrem Fleiß und ihrer Redlichkeit.

Als sich dann mit dem Humanismus und der Aufklärung die Trennung von Kirche und Staat vollzog, stand der Weg frei für das, was wir heute Leistungsgesellschaft oder Wirtschaftsgesellschaft nennen. Gott wurde zur Privatangelegenheit, Arbeit zur Ware. Mit Marx und Engels schließlich wurde das gesetzliche »Recht auf Arbeit« gefordert, und damit war Arbeit nicht mehr das, was man *tut,* sondern wurde zu dem, was man *hat.* Dennoch scheint es, daß derjenige, der keine Arbeit hat, alles verliert, was Arbeit im Lauf der Geschichte bedeutet hat: seinen Lebenssinn, seinen Lohn, seine soziale Identität. »Wir müssen umdenken« heißt heute der kostenlose Rat. Das ist schnell gesagt. Sich zurückdenken durch zweieinhalb Jahrtausende, über Beruf und Berufung, über werken und schaffen bis hin zur antiken Muße? Das ist ein weiter Weg, auch für Gedanken. Aber es könnte sich tatsächlich lohnen, sich auf diesen Weg zu machen, denn das sture, mechanische Arbeiten wird ja nun wirklich zunehmend vom Namensvetter, dem Roboter erledigt ...

VERDIENEN

Es gab einmal das altfränkische Verb namens *waidanjan,* aus dem die Franzosen *gagner* gemacht haben, ein Verb, mit dem sie zugleich ihr Brot »verdienen«, im Lotto »gewinnen« und aus einem Kampf »siegreich hervorgehen«. Auf deutschem Boden hat es *waidanjan* nicht weiter gebracht als zu »weiden« (im Sinne von »abgrasen«), und immerhin noch zur »Augenweide«. Aber ihr Brot müssen sich die Deutschen **verdienen,** müssen es verdient haben, nicht mehr unbedingt »im Schweiße ihres Angesichtes«, aber doch ehrlich und hart.

Das Verb **dienen** kommt von einer Wurzel, **dio* oder **deo,* aus der sowohl der »Diener«, im ursprünglichen Sinn von Knecht, als auch die »Demut« abgeleitet wurden. »Dienen« hieß demnach »Knecht sein«, und »Frondienst« war zunächst die – unbezahlte – Dienstleistung, die Bauern ihrem Lehnherrn zu erbringen hatten. Man verdiente sich also nicht einmal sein Brot damit, sondern stand zu Diensten. Und erst allmählich gab es einen **Lohn,** der ja anfangs auch nur »Belohnung« war, also nicht unbedingt Geld, und wenn, dann noch lange kein ausgehandelter Tariflohn. Aber gut, seinen Lohn hat man auch heute noch zu »verdienen«. Geld »gewinnen« ist verdächtig, ja unmoralisch, hängt mit Spiel zusammen, mit Spekulation und anderen dunklen Geschäften. Weshalb man wohl auch neuerdings – in Anlehnung an das englische *make money* – sein Geld lieber »macht«, vor allem das schnelle und das große.

Dennoch schien, weil inzwischen auch das verdiente Geld eben nur Geld war, eine Klärung vonnöten, die denn auch in

Form einer Genusspaltung vorgenommen wurde: Durch Arbeit erworbenes Geld ist »der Verdienst«, eine Leistung, die allgemeine Anerkennung verdient, »das Verdienst«.

Daß das nicht unbedingt mit ehrlicher Arbeit verbundene Verb **gewinnen** ausgerechnet den »Reingewinn« ergab, haben wir den Italienern zu verdanken *(guadagno netto),* genauer gesagt den Lombarden, die uns ja in Sachen Bank mit einem ganzen Wort-Schatz beliefert haben: Zuallererst natürlich verdanken wir ihnen die »Bank« selbst und den »Lombardkredit«, aber auch den »Nettobetrag«, das »Bruttoeinkommen«, das »Girokonto«, die »Bilanz«, das »Skonto« und eben alles, was zu einem ordentlichen Geschäft gehört. Wobei das Geldinstitut, das heißt die **Bank,** übrigens tatsächlich mit der Sitzbank zu tun hat, oder vielmehr mit dem langen Tisch, auf dem das Geldwechseln getätigt wurde. Deshalb sprechen wir ja auch von einer »Wechselbank« oder von einer »Spielbank«, und schieben Unangenehmes gern »auf die lange Bank«.

Dies zu den Italienern, die uns also im unklaren darüber lassen, ob der Reingewinn nun wirklich unschuldiges Geld ist oder ob es irgendwo reingewaschen werden mußte, damit es nicht stinkt. Eine Frage übrigens, die beispielsweise für die Franzosen gar keine Frage ist, denn sie behaupten: *»l'argent n'a pas d'odeur«,* Geld habe keinen Geruch. Sie haben aber diese Weisheit nicht selbst erfunden, sondern holten sie sich von den alten Römern, bei denen sie sich ja überhaupt gern bedienen, wenn es ihnen in der christlichen Moral zu eng wird:

Kaiser Vespasian, erzählen sie, habe es sich zur Aufgabe gemacht, der von Nero ruinierten Wirtschaft wieder auf die Beine zu helfen. Die Situation war so ausweglos, daß weder Sparprogramm noch Steuererhöhung genügten und Vespasian alles steuerpflichtig machte, auch den Urin, den die Färber in Fässern sammelten und zum Gerben und Färben benutzten. Von seinem Sohn Titus über das Gelächter der Römer informiert, hielt Vespasian diesem eine Silbermünze unter die Nase und rief: »*Non olet!*« was man etwa mit: »Bitte, riecht das etwa!?« übersetzen könnte.

Dies also zu den Franzosen, die zwischen »Geld verdienen« und »Geld gewinnen« keinen Unterschied machen und beides für geruchsneutral erklären. Eine Einstellung, die für die Deutschen schon aus sprachlichen Gründen ein Ding der Unmöglichkeit ist, wie wir gesehen haben. Außerdem: Wer so leichtfertig mit Geld umgeht, kann es ja zu nichts bringen. Heißt es nicht im Volksmund »wie gewonnen, so zerronnen«, und spricht der nicht aus Erfahrung?

FAUL

»Ich bin Peter, du bist Paul,
Ich bin fleißig, du bist faul.«

»Müßiggang ist aller Laster Anfang.«

»Ohne Fleiß kein Preis.«

Sprache geht manchmal recht streng mit uns um. Wie sehr, das wurde mir eines Tages bewußt, als nämlich das Wortpaar fleißig/faul an der Tafel stand und ein Schüler wie zu sich selbst bemerkte: »Ach, jetzt verstehe ich, warum die Deutschen so fleißig sind.« Das Adjektiv »faul« hatte ihn verblüfft. Keine Sprache, meinte er, sei wohl so unbarmherzig wie die deutsche, die keinen Unterschied mache zwischen einem faulen Apfel und einem faulen Schüler. Das hat mich nachdenklich gemacht, denn mir, die ich in dieser Sprache und also in der Selbstverständlichkeit ihrer Worte aufgewachsen bin, war dieser Zusammenhang zwischen »Faulheit« und »Fäulnis«, zwischen »faulenzen« und »verfaulen« nie in den Sinn gekommen. Und doch existiert dieser Zusammenhang.

Das Adjektiv **faul** kommt unzweideutig von »verfault sein«, und »faulenzen« bedeutete ursprünglich »faulicht schmecken«, also nach Verwesung riechen. Im Zuge dieser aufklärenden Einsicht rückt der liebevoll getadelte »Faulpelz« dem »Faultier« peinlich nahe.

Der Frage nachgehend, wie denn andere Sprachen mit dem Nichtstun umgehen, kam ich auf Wege, die geradezu zu einer Philosophie der Faulheit führen könnten. Die alten Griechen nämlich nannten faul sein *argos,* und dies ist eine Zusammenziehung von *a-ergos* und heißt schlicht »der nicht arbeitet«. Es wäre diese freie, unbeschwerte Art des Nichtstuns sinnverwandt mit unserer **Muße,** hätten wir nicht aus der Muße den »Müßiggang«, also den sprichwörtlichen »Anfang aller Laster« gemacht, und die »Ergotherapie« erfunden, die rettende Beschäftigungstherapie, die uns von diesem zur Krankheit avancierten Laster heilen soll. Dabei hat »Muße« zwar mit »müssen« zu tun, aber im alten Sinn von »müssen«, nämlich: das, was mir zugemessen ist; freier Raum, zu mögen, zu können und zu dürfen. In diesem Sinn ist ja auch das lateinische *otium* zu verstehen: als Muße, deren Gegenteil, *neg-otium,* die unbequeme Arbeit war.

Doch machten schon die Römer einen Unterschied zwischen der Muße, also dem schönen Nichtstun, und der **Faulheit.** Das lateinische *piger* – abgeleitet von *pigritia,* der Faulheit – heißt auch und vor allem »langsam«. Man tut zwar etwas, aber schleppend, widerstrebend, unwillig, lustlos. Diese Art der Faulheit, in der schon die Unschlüssigkeit, die Unzufriedenheit mit sich selbst, das schlechte Gewissen mitschwingt, wäre genau das, was wir »Trägheit« nennen. Nicht ganz so verwerflich wie Faulheit, aber doch alles eher als eine Tugend. Das Nichtstun im vollen Gefühl seiner Freiheit scheint uns also schon vor langer Zeit abhanden gekommen zu sein.

Dennoch schuf erst unsere christlich-abendländische Kultur das heilversprechende Gegengift zur Faulheit: den **Fleiß.** Nicht als irgendeine Tugend, sondern als die Tugend schlechthin. Der Anspruch der Römer auf »Brot und Spiele« verlor seine Gültigkeit spätestens vor tausendfünfhundert Jahren, als der Gründer des mittelalterlichen Mönchtums, der heilige Benediktus von Nursia, die neue Lebensregel schuf: *»ora et labora«*, »bete und arbeite«. Natürlich beides fleißig. Und damit vor lauter Arbeitseifer das Beten nicht zu kurz komme, richtete man offizielle Tage ein, wo Nichtarbeiten zur Pflicht wurde: den Sonntag und alle kirchlichen Feiertage, diese Geschenke Gottes, die heute zur Diskussion stehen. Aber vielleicht nicht nur, weil sie der Konsumgesellschaft in die Quere kommen. Auch weil uns inzwischen eine neue Krankheit befallen hat: das Nicht-nichts-tun-Können.

Dabei haben die Dichter immer wieder versucht, das Loblied der Faulheit anzustimmen. Allen voran die Romantiker. In einem Kapitel von Friedrich Schlegels Roman ›Lucinde‹ (1799), das den Titel ›Idylle über den Müßiggang‹ trägt, wird ebendieser Müßiggang als »gottähnliche Kunst« gepriesen, der Fleiß hingegen wird als »Todesengel« gebrandmarkt, der dem Menschen die Rückkehr ins Paradies verwehrt. Und wer kennt nicht Eichendorffs braven ›Taugenichts‹ oder das uhren- und kalenderlose neue Paradies, das in Georg Büchners ›Leonce und Lena‹ (1836) als erlösende Zukunftsvision entworfen wird? Büchner geht so weit, eine der Figuren (Valerio) sagen zu lassen, »daß, wer sich krank arbeitet, kriminalistisch strafbar ist [und] daß jeder, der sich rühmt, sein Brot im Schweiße seines Angesichts zu essen, für verrückt erklärt wird«.

Ach, diese Dichter, wird man sagen, diese weltfernen Träumer! Gut, dann also keine Dichter. Der Sozialist Paul Lafargue, immerhin Mitbegründer der französischen Arbeiterpartei, aber immerhin auch Schwiegersohn von Karl Marx, veröffentlichte 1880 ›Das Recht auf Faulheit‹ und nannte es »Eine Widerlegung des [1848 von seinem Schwiegervater geforderten] Rechtes auf Arbeit«. 1900 verfaßte der Philosoph Georg Simmel eine ›Metaphysik der Faulheit‹, und 1935 wetterte der Philosoph, Mathematiker und spätere Nobelpreisträger Bertrand Russell gegen den Unsinn der bienenfleißigen Emsigkeit in einer geradezu prophetischen Vision der Sackgasse, in die das Gegengift der verpönten Faulheit schließlich führen werde: »Nehmen wir an, eine bestimmte Anzahl von Menschen sei gegenwärtig mit der Herstellung von Nadeln beschäftigt. Sie machen so viele Nadeln, wie die Weltbevölkerung braucht, und arbeiten acht Stunden täglich. Nun macht jemand eine Erfindung, die es derselben Zahl von Menschen ermöglicht, doppelt so viele Nadeln herzustellen. Die Menschheit braucht aber nicht doppelt so viele Nadeln. Und sie sind bereits so billig, daß kaum noch eine zusätzlich verkauft würde, wenn sie noch billiger wären. In einer vernünftigen Welt würde jeder, der mit der Herstellung von Nadeln beschäftigt ist, jetzt eben vier statt acht Stunden täglich arbeiten, und alles ginge weiter wie zuvor. Aber in unserer Welt betrachtet man so etwas als unmoralisch. Die Nadelmacher arbeiten also weiter acht Stunden, es gibt zu viele Nadeln, einige Nadelfabrikanten machen Bankrott, und die Hälfte der Leute, die Nadeln herstellen, verlieren ihre Arbeitsplätze. [...]« (In ›Praise of Idleness‹)

Wie konnte wohl der heilsame Fleiß so sehr zum Unheil werden, fragt man sich. Nun, vielleicht hängt es unter anderem auch damit zusammen, daß Fleiß ein quantitativer Begriff ist: Fleißig sein heißt die Zeit nutzen, keine Zeit verlieren, möglichst viel Getanes in der gezählten Zeit unterbringen. Aber unsere Welt verändert sich, und die Bedeutung der Wörter mit ihr. Heute regen sich schon beim »nur« fleißigen Schüler gewisse Zweifel, und ein fleißiger Chirurg oder ein fleißiger Schriftsteller sind geradezu verdächtig. In unserer Zeit, wo jede Arbeit immer mehr Fachwissen, Verantwortung, Einfallsreichtum und Entscheidungsfähigkeit verlangt, verliert das Wort Fleiß langsam seine positive Bedeutung. Gut so, wenn damit auch die Faulheit wieder zur alten Muße werden darf, dem freien Raum, der uns gehört und in dem es auch möglich ist, nichts anderes zu tun als eben nur zu »sein«. Ein alter englischer Bauernspruch fällt mir dabei ein: »*Sometimes I sits and I thinks; and sometimes I just sits*« – »Manchmal sitze ich so da und denke; und manchmal sitze ich einfach nur so da.« Wie schön!

TÜCHTIGKEIT

Schon vor einigen Jahren stellte ein (deutscher) Journalist die Frage: »Die Deutschen nicht mehr so fleißig?« und erklärte in seinem Artikel, Fleiß und Emsigkeit, diese »alten Tugenden, denen Deutschland seinen Aufstieg als Industrienation verdankt«, gehörten endgültig der Vergangenheit an. Sollte das etwa heißen, daß die Deutschen immer fauler würden? Mitnichten! Sie haben sich einer neuen Tugend verschworen: der **Tüchtigkeit**. Zwar wüßten wir auf Anhieb nicht genau zu sagen, aus welch glücklicher Mischung von guten Eigenschaften die Tüchtigkeit zusammengesetzt ist, doch wir sind dabei, sie zur Tugend schlechthin zu erklären.

Und wir haben damit gar nicht so unrecht. Denn erstens könnte Tüchtigkeit wirklich die Summe der vier Kardinaltugenden sein (Klugheit, Gerechtigkeit, Besonnenheit, Mut), und zweitens haben sich »Tüchtigkeit« und »Tugend« aus demselben Stammverb gebildet, nämlich »taugen«.

In der mundartlichen Wendung »das taugt schon« hat das Verb **taugen** noch seinen alten Sinn von »passen«, wie auch das südliche »das taugt mir« ausdrückt, daß einem etwas paßt, das heißt »willkommen, angenehm« ist. Schon früh aber erweiterte sich der Sinn des Wortes auf »brauchbar, geeignet, nützlich«. So wird man heute für »wehrdiensttauglich« erklärt oder für diesen oder jenen Beruf für »untauglich« befunden, meist aus gesundheitlichen Gründen. Man ist also deshalb kein »Taugenichts«. Auch ist der »Taugenichts« keine Erfindung von Eichendorff, er ist nicht einmal eine deutsche Spezialität. Er existierte schon im Mittelalter *(dogenicht)* und hat dem Sinn nach sowohl in der französischen *(vaurien)* wie in der englischen Sprache *(good-for-nothing)* seine exakte Entsprechung. Ob diese Taugenichtse daran schuld sind, daß die **Tugend**, welche zunächst ja nur die »Brauchbarkeit« und die »Nützlichkeit« benannte, eine moralische Färbung bekam? Vermuten kann man es, aber nicht beweisen.

Fest steht nur, daß die christliche Sittenlehre die Tugend zur vorbildlichsten und gottgefälligsten aller Eigenschaften machte, also zum Gegenteil des Lasters. Tugendhaft ist seither, wer den geltenden sittlichen Normen gemäß lebt. Daß man dabei eher seiner Pflicht als seinen Neigungen folgen soll, haben auch die Philosophen zu ihrer Lehre gemacht, und Dichter haben ganze Dramen und Tragödien über den schier unlösbaren Konflikt zwischen Pflicht und Neigung geschrieben. Der große Philosoph der Aufklärung, Immanuel Kant, verwarf in der Tat das Glück als Ziel des sittlichen Handelns, um an seine Stelle die Lehre von der Pflicht zu stellen: Sittliches Handeln sei unbedingte Pflicht und werde *gegen* die Neigung gefordert. Wogegen Schiller fürs erste einen spöttischen Einwand erhob:

»Gerne dien' ich dem Freunde, doch tu ich es leider mit Neigung,
Und so wurmt es mich oft, daß ich nicht tugendhaft bin!«
»Da gibt's nur eins: du mußt suchen, ihn zu verachten
Und mit Abscheu alsdann tun, was die Pflicht dir gebeut!«

Wenig später allerdings sah Schiller die vollendete Sittlichkeit nicht mehr, wie Kant, in der rigorosen Überwindung der Neigung, sondern in der harmonischen Versöhnung von Pflicht und Neigung. In seinem Aufsatz ›Über Anmut und Würde‹ (1793) heißt es: »Der Mensch nämlich ist nicht dazu bestimmt, einzelne sittliche Handlungen zu verrichten, sondern ein sittliches Wesen zu sein. Nicht *Tugenden*, sondern die *Tugend* ist seine Vorschrift, und Tugend ist nichts anderes als *eine Neigung zu der Pflicht.«*

Einen ähnlichen Weg ging Goethe in seinem ›Tasso‹ (1789): Tasso, der im Prinzip des »Erlaubt ist, was gefällt« die mögliche Rückkehr der goldenen Zeit sieht, wird von der Prinzessin eines besseren belehrt: »Erlaubt ist«, meint sie, »was sich ziemt«, und fügt hinzu:

»Willst du genau erfahren, was sich ziemt,
So frage nur bei edlen Frauen an.
Denn ihnen ist am meisten dran gelegen,
Daß alles wohl sich zieme, was geschieht.
Die Schicklichkeit umgibt mit einer Mauer
Das zarte, leicht verletzliche Geschlecht.
Wo Sittlichkeit regiert, regieren sie,
Und wo die Freiheit herrscht, da sind sie nichts.
Und wirst du die Geschlechter beide fragen:
Nach Freiheit strebt der Mann, das Weib nach Sitte.«

Es ist verständlich, daß bei so eindeutiger Besetzung der »Tugend« mit christlicher Moral, philosophischer Ethik und weiblicher Sittsamkeit für die guten Eigenschaften der unermüdlich strebenden Männer ein anderes Wort gebildet werden mußte, ein Wort, das »Tugend« und »Tauglichkeit« in sich vereinte: die »Tüchtigkeit«.

Das Adjektiv **tüchtig** bedeutete vorerst: »brauchbar«, »tapfer«, »wertvoll«, »stark« – und auch: »viel«, was den tüchtigen Schluck Bier und die tüchtige Tracht Prügel erklärt. Im übrigen hat sich die Bedeutung des Wortes kaum geändert: Sie bezieht sich auf körperliche Fähigkeiten (was auch für das seetüchtige Schiff oder das verkehrstüchtige Auto gilt), auf Leistung, Entschlußkraft und solide Arbeit. Geändert hat sich nur, daß inzwischen auch Frauen im Berufsleben das erfolgversprechende Eigenschaftswort für sich in Anspruch nehmen können.

SCHULD

Auf die Frage, ob die Wörter sich den Menschen anpassen, oder ob die Menschen von den Wörtern geprägt werden, kann man nur antworten: natürlich beides.

Einerseits arbeiten die Menschen an der Sprache, verändern die Bedeutung der Wörter. So wurde das »Reich« vom Bereich zum Imperium, das »Schloß« von der verriegelten Klause zur Residenz, der »Gemahl« vom Tischgenossen zur besseren Hälfte. In der anderen Richtung wurde die »Bescherung« vom Geschenk zur Katastrophe, der »Witz« vom Geist zum billigen Scherz, der »Streich« vom Kampf zum bösen Spaß.

Andererseits aber können sich gewisse Begriffe auf das Fühlen und Denken der Menschen auswirken, die sie gebrauchen. Es geschieht dies meist, wenn ein Wort eine moralische Nebenbedeutung annimmt, was oft – aber nicht ausschließlich – mit der christlichen Sittenlehre zu tun hat. So entstand neben der »Bildung« die »Einbildung«, neben der »Erziehung« die »Zucht«, neben dem »Gehör« der »Gehorsam«, und solche Entwicklungen sind in jeder Sprache zu finden.

Gerade das Wort **Schuld** wird von Außenstehenden gerne zitiert, wenn es darum geht, vom Einfluß gewisser Wörter auf Verhalten und Mentalität der Deutschen zu sprechen. Wie kommt es, fragen sie, daß die Sprache einem gebietet, sich »schuldig« zu fühlen, wenn man jemandem hundert Mark »schuldig« ist?

Das Substantiv »Schuld« kommt vom Verb **sollen,** das schon im Gotischen *(skulan)* »schuldig sein, sollen« bedeutete. Doch war »sollen« damals noch kein Hilfszeitwort, sondern ein selbständiges Verb, dem wir zum Beispiel in der Buchhaltung die im Gegensatz zur »Habenseite« stehende »Sollseite« verdanken, sowie im Bankwesen die »Sollzinsen«. Noch im 18. Jahrhundert bedeutete: »Ich soll ihm zehn Taler«: Ich schulde ihm zehn Taler.

Wer Geld schuldet, ist verpflichtet, es zurückzuzahlen; wer einen Dienst schuldet, muß eine Gegenleistung erbringen; wer sich strafbar gemacht hat, muß büßen. Als diese »Verpflichtung zur Buße« kam dann das Wort »Schuld« in den Bereich der Justiz. Wer sich eine Übeltat hat zuschulden kommen lassen, hat Schuld auf sich geladen und muß sich ent-schuldigen, auf welche Art auch immer. Im Bereich der Religion ist »Schuld«

gleich »Sünde«, und daß der Schuldige von Schuldgefühlen gepeinigt wird, ist nicht nur unvermeidlich, sondern notwendig. Auch wenn man heute versucht, die moralische »Schuld« (Einzahl) von den »Schulden« (Mehrzahl), den »Schuldigen« vom »Schuldner« zu unterscheiden, bringt das nur scheinbar Klarheit in die Sache. Denn auch wenn es sich bei »Schuldenlast«, »Schuldenberg« oder »Schuldentilgung« eindeutig um Geld handelt (Mehrzahl), so ist das »Schuldbuch« noch lange kein Sündenregister, der »Schuldbeitritt« keine Aufnahme in eine Gangsterbande und die »Schuldanerkennung« nicht das *mea culpa* des reuigen Sünders.

Doch geben wir nicht der »Schuld« die ganze Schuld! Schließlich gibt es im Deutschen zum Beispiel auch den Ausdruck »etwas auf dem Kerbholz haben«, der heute soviel bedeutet wie: etwas auf dem Gewissen haben. Dabei war das Kerbholz früher jenes Holzstück, in das zum Beispiel der Hufschmied jedesmal eine Kerbe schnitt, wenn der Bauer sein Roß beschlagen ließ. Am Ende des Jahres wurde abgerechnet und bezahlt ... oder nicht, und dann wurden die Schulden zum Schuldgefühl.

Daß dieses **Schuldgefühl** uns so gerne heimsucht, dürfte wohl auch eine Besonderheit unserer christlich-abendländischen Kultur sein. Schließlich haben wir uns das Paradies verscherzt, und diese Schuld ist nicht abzutragen. Sehen wir uns die Geschichte des Sündenfalls einmal näher an: Wir sind mitten im Paradies, vor dem Baum der Erkenntnis, dessen Früchte den ersten Menschen verboten waren. Alles durften Adam und Eva, nur am Allwissen Gottes durften sie nicht teilhaben. Freilich war das von Gott sicher gutgemeint, denn »Zuwachs an Wissen ist Zuwachs an Unruhe«, wie Goethe einmal sagte. Aber Wissen und Wissenwollen gehören andererseits zum Wesen des Menschen, auch das war ja wohl von Gott so gewollt, als er den Menschen »nach seinem Bilde« schuf. Also mußte sich die schwache Eva von der Schlange verführen lassen, verführte ihrerseits den unschuldigen Adam, und das Paradies war ein verlorenes. Endgültig.

Prometheus, der Titan der griechischen Mythologie, hatte ähnliches getan, als er Zeus das Feuer stahl, um es den Menschen zu bringen. Das Feuer nämlich ist nichts anderes als der göttliche Funke, der sprühende Geist, das Licht, das einem aufgeht, kurz: die Erkenntnis. Und da auch er ein ausdrückliches Verbot überschritten hatte, wurde er aufs Härteste bestraft: an den Felsen geschmiedet und zur ewigen Qual verurteilt, sich täglich von einem Adler die Leber verzehren zu lassen. Aber er hat sich nie versteckt, hat sich nie schuldig gefühlt, hat den Göttern weiter die Stirn geboten. Und nachdem Herakles den Adler getötet hatte, willigte Zeus ein, Prometheus zu befreien. Die Menschen aber hatten nun das Feuer und mit ihm das Wissen um Leben und Tod, um Freude und Schmerz. Auch sie hatten in einem gewissen Sinn das Paradies verloren, aber sie empfanden es nicht als Schuld: Es war der Preis ihrer Unabhängigkeit. So sahen es zumindest die alten Griechen.

Der unbeugsame Gott des Alten Testaments dagegen ließ Eva in Schmerzen gebären, Adam im Schweiße seines Angesichts sein Brot essen, und da die Schuld untilgbar war, wurde sie als Erinnerung an die Erbsünde allen folgenden Generationen weitergegeben. Unter anderem, das stimmt wohl, durch die Sprache, die uns bei jeder geliehenen Mark daran mahnt, daß wir (sie) schuldig sind.

GELD

»Nach Golde drängt,
Am Golde hängt
Doch alles. Ach wir Armen!«

Daß »Geld« mit »Gold« zu tun hat, auch mit dem »Gulden«, und vielleicht auch mit »gelb«, scheint uns so selbstverständlich, daß wir die Sache erst gar nicht hinterfragen. »Safran macht den Kuchen gel« erinnert uns daran, daß »gel« irgendwann und irgendwie zu »gelb« wurde. Ebenso irgendwie und irgendwann dürfte also auch »Gold« zu **Geld** geworden sein. Oder umgekehrt?

Weder noch. »Geld« kommt vom Verb **gelten,** das ursprünglich »zurückzahlen, entschädigen« bedeutete. Es sind diese Bedeutungen im »Entgelt« oder in der »Vergeltung« erhalten geblieben, oder im volkstümlichen »Vergelt's Gott«. Später bedeutete dann »gelten« auch »wert sein«, näherte sich also der Bedeutung des Geldes als Wert, beziehungsweise Gegenwert. Der Wandel vom -t- zum -d- vollzog sich allmählich, erschien zuerst in den gebeugten Formen (etwa: vom Gelde) und setzte sich dann ab dem 17. Jahrhundert auch im Auslaut durch, wie das zum Beispiel auch für »Geduld« oder »Schuld« der Fall war. Damit wäre eigentlich alles gesagt, was die Sprachgeschichte über das Geld zu erzählen hat: kein Gold zwar, aber immerhin ein gültiger, geltender, vereinbarter Wert.

Diese Bedeutung der »Vereinbarung« führt uns weiter zum – vorwiegend süddeutschen – »gelt?« oder »gell?«: »Du kommst doch morgen, gell?« oder: »Gelt, jetzt hast dich erschrocken!« Dieses freundliche, ja liebevolle Wörtchen kommt ebenfalls von »gelten«, und zwar so: Wenn man eine Wette oder – was dasselbe war – einen Handel mit einem Handschlag besiegelte, rief man gleichzeitig: »Es möge gelten!« oder einfach »s'gelt!« oder »gelt's?!« Auch eine Höflichkeitsform war da – und ist es in Österreich noch heute: »Geltn'S (gelln'S), des ham'S a net gwußt.« Sonst aber ist das bekräftigende »es möge gelten!« zum halb fragenden, halb beistimmenden Alltagswort »gell?« geworden, einem »nicht wahr?« mit wohlwollendem Unterton.

Das **Gold** kommt von einem Wortstamm *ghel,* später *gël,* der tatsächlich zunächst die gelbe Farbe bezeichnete. Genauer gesagt, eine gelb-grünliche Farbe, was erklärt, warum auch die »Galle« mit »gelb« und also mit »Gold« wurzelverwandt ist. Gold ist also das gelbe Metall, von dem der »Gulden« seinen

Namen hergeleitet hat und zwar auf dem Umweg über das Adjektiv »gülden«, das zum heutigen »golden« wurde. Wie sehr der »Gulden« trotz der nahen Verwandtschaft mit »Gold« zum Begriff für Geldstück oder Münze überhaupt geworden ist, zeigt die Tatsache, daß es zeitweise auch »Silbergulden« gab. Aber das ist wohl nicht so wichtig. Hauptsache, es ist Geld, das heißt, »es gilt«.

Heute spricht man freilich weniger von Geld und Gold als von **Währung,** und die Diskussionen um die europäische Währungseinheit haben das Wort »Währung« zu einem Alltagswort gemacht. Ein Grund mehr, uns daran zu erinnern, daß die Sprache mit diesem Wort »Gewähr leistet« für einen »wahren«, das heißt treuen und rechten Wert; daß Währung das ist, was »sich bewährt« (also als zuverlässig erweist) ebenso wie das, was »währt« (also von Dauer ist). Freilich können wir auch von der Sprache nicht mehr verlangen, als sie zu »gewährleisten« imstande ist, und wenn wir ihre verläßliche »Währung« ausgerechnet einer Schlange anvertrauen und uns dann über launische Schwankungen beklagen, ist das unsere Sache.

Doch hat in der Alltagssprache das Wort »Währung« noch eine andere Bedeutung: Es bezeichnet die Zahlungseinheiten der verschiedenen Länder, und es war während der Suche nach einem grenzüberschreitend wohlklingenden Namen für die europäische Einheitswährung viel von »Währung« in diesem engeren Sinn die Rede. Für den einen oder andern mag dabei unwillkürlich die Frage aufgetaucht sein, wie derlei Namensgebungen denn früher gehandhabt wurden. Anders gefragt, wie es denn jeweils zur Bezeichnung für eine bestimmte Währung gekommen sei. Dabei denkt man natürlich zu allererst an Namen wie »Mark«, »Pfennig«, »Schilling«, »Groschen«, aber im Zuge der Überlegung fallen einem auch alte Währungen ein: der vornehme »Taler«, der rote »Heller«, oder der nichtsnutzige »Pfifferling«. Wie kamen all diese Münzen zu ihrem Namen?

Beginnen wir mit der **Mark.** Sie leitet ihren Namen von dem Wort **Marke** her, einem Zeichen beziehungsweise einem behördlichen Stempel, der auf Silberbarren gepunzt wurde. Das Wort »Marke«, als Merkzeichen beziehungsweise als Garantie eines Wertes, lebt in unserer »Briefmarke« oder »Stempelmarke« weiter, es verbürgte zur Zeit der »Lebensmittelmarken« eine gerechte Verteilung des Mangels und gilt heute als Warenzeichen: Ein Firmenname versteht sich als »Marke« und damit als Qualitätsgarantie. Da außerdem »Marke« im Sinne von Markierung schon früh auch Grenzlinie bedeutete, verdanken wir dem Wort auch den geographischen Begriff »Mark«: die Mark Brandenburg und das Märkische Viertel, Dänemark, die Steiermark. Und auch das Verb **merken** mit all seinen Ableitungen geht von dieser Markierung aus: Was wir bemerkt haben, bemerkenswert oder merkwürdig finden, merken wir uns – auch eine Art Stempel.

Was nun die **Mark** als Währungseinheit betrifft, so galt die Bezeichnung *mark(e)* schon im Mittelalter für »ein halbes Pfund Silber«. (Das englische »Pfund« ist bei dieser ursprünglichen Bezeichnung für eine Gewichtseinheit geblieben.) Die »Mark« als Währung im heutigen Sinn wurde 1873 aus der Taufe gehoben. Es wurde aber noch eine lange Zeit in Mark *und* Talern gerechnet, weil es eben eine Weile braucht, bis man sich an einen neuen Namen und an veränderte Größenordnungen gewöhnt hat. Als Beweis sei eine Rede Otto von Bismarcks zitiert, die er im Januar 1886 hielt. Es geht in dieser Rede um die Polenfrage, und Bismarck spricht von einem »Ertragswert von 15 Mark, also 5 Talern«, und er fragt sich – und den Preußischen Landtag –, »ob Preußen in seinem und des Deutschen Reiches Interesse nicht unter Umständen in der Lage sein könnte, 100 Millionen Taler auszugeben, um die Güter des polnischen Adels [etwa 650 000 Hektar] dafür zu gewinnen ...«. Die Mark hat sich also recht langsam durchgesetzt, und es wird der neuen europäischen Einheitswährung kaum besser ergehen.

Außerdem erfahren wir aus dieser Rede von Bismarck, daß

die Mark im Vergleich zum Taler klein angefangen hat. Trotz mehrmaliger Änderung des Vornamens und so mancher Talfahrten kann jedoch die inzwischen betagte Dame auf ein erfülltes Leben zurückblicken. Freilich fällt der »Abschied von der Mark« schwer, aber das ist eben der Lauf der Dinge.

Auch der ehrwürdige **Taler** mußte eines Tages abtreten, und er ahnte damals wohl nicht, daß sein Name den Atlantik überqueren und in einem erfolgreichen Nachkommen weiterleben würde: dem **Dollar.**

Und woher hatte der Taler seinen Namen? Vom Joachimstal im Erzgebirge. Das in den dortigen Silberminen gewonnene »weiße Metall« diente nämlich zur Prägung von Silbermünzen, die anfänglich »Joachimstaler«, später dann einfach »Taler« genannt wurden. Übrigens ist auch das Wort **Silber** einer Erwähnung wert: Es ist ein sogenanntes Wanderwort. Da sich nämlich für »Silber« keine germanischen Ahnen finden lassen, vermuten die Sprachforscher, es sei von Silberschmieden aus Vorderasien zu uns gebracht worden. In der Tat bedeutet das assyrische *sarpu* »weiß«, »licht«, »hell«. Silber war also das »weiße Metall«, zum Unterschied vom »gelben Metall«, dem Gold.

Der **Pfennig** wiederum, ein naher Verwandter des englischen *penny,* soll vom lateinischen *pannus* kommen, der Bezeichnung für ein Stoffstück, das dann im Gotischen *pannings* hieß und schließlich unser »Pfand« ergab. Auf den alten Tauschmärkten galt nämlich – sozusagen als Vorläufer der Münze – ein Stück Stoff als Tausch- oder Zahlungsmittel, also als eine Art Pfand. Die gotische Endung auf -ing (die der »Schilling« beibehalten hat) wurde beim »Pfennig« wegen des vorangehenden -n- zu -ig abgeflacht. Wenn wir also im Süden manchmal »Pfenning« sagen hören, so ist das keineswegs Schlamperei oder Verballhornung, sondern im Gegenteil der eigentliche korrekte Name der Münze!

Das Zeichen für den Pfennig, nämlich das griechische delta -δ- stammt vom lateinischen *denarius,* einer Münze im Wert von zehn As. Dieses »as« bezeichnete ein kleines Gewicht, bevor es die Eins im Würfelspiel wurde. Die **Unze** ist davon abgeleitet, dieses kleine, in Vergessenheit geratene Handelsgewicht, das auf französisch »once« heißt und in Redewendungen weiterlebt, wenn man zum Beispiel sagen will, daß jemand »*pas une once de bon sens«,* »keinen Funken Verstand« besitzt.

Auch der **Groschen** hat seine Wurzeln in der lateinischen Sprache – *grossus* bedeutet »dick« –, ist aber zunächst in der französischen Touraine daheim. Im 13. Jahrhundert wurde in Tours der sogenannte »*denarius grossus«,* auch »*grossus Turonensis«* oder »*gros Tournois«* geprägt. Dieser Münzenname ging dann auf Wanderschaft und ergab auf deutschem Boden die Halbschillingmünze »Dornose« und den kupfernen »Turnes«, die beide verschwunden sind. Die Umwandlung vom -s- zum -sch- erfolgte in Böhmen: der *groš* war zunächst eine böhmische Münze, deren Name dann in der Prager Kanzlei des 14. Jahrhunderts eingedeutscht wurde. Ob der Groschen auf dieser Reise tatsächlich schlanker geworden ist, bleibt dahingestellt. Sein symbolischer Wert jedenfalls scheint eher gering zu sein, wollen wir dem Sprichwort glauben, das uns mahnt: »Wer den Groschen nicht ehrt, ist den Schilling nicht wert.«

Besagter **Schilling** war ursprünglich ein Schmuckstück und trug den germanischen Namen *skild-ling,* »eine Art Schild«. Später dann – waren es besondere Notzeiten oder Zeiten besonderer Herrlichkeit? – wurde das Schmuckstück zur Münze. Die Nachsilbe -ling diente in der Folge der Bildung weiterer Münzennamen, wie etwa dem »Silberling«. Wenn wir allerdings sagen, daß etwas »keinen **Pfifferling** wert« sei, hat das nicht mit Münzen zu tun, wohl aber mit geringem Wert. Da nämlich früher, als der Wald noch ein Wald war, diese kleinen gelben Trichterpilze – wegen ihres angeblich pfefferähnlichen Geschmacks hießen sie zunächst *pfefferlinc* – haufenweise zu finden waren, galten sie als wenig wertvoll. Das Weitere tat dann der Name selbst: Schilling, Silberling, Pfifferling ... was soll's. Reich wurde man mit dieser Art »Geld« sowieso nicht. Ebensowenig wie mit dem **Heller.** Dieser ab dem 13. Jahrhundert in Schwäbisch Hall geprägte Pfennig hieß anfänglich *denarius Hallensis,* woraus dann allmählich der »Heller« wurde. Und da dieser Heller meist (nur) aus Kupfer war, wissen wir jetzt auch, warum etwas ausgerechnet »keinen *roten* Heller« wert ist.

MACHT

Macht ist Besitz. So sieht es zumindest aus, solange wir uns im politischen Bereich bewegen. Der Macht-Haber hat irgendwann die Macht ergriffen, hat sie übernommen oder gar an sich gerissen, und er übt sie nun aus, er gebraucht sie – wenn nötig mit Hilfe seiner Streitmacht – als Instrument der Herrschaft über Menschen und Dinge. Wie wir wissen, kann er diese Macht gelegentlich auch mißbrauchen, um seinen Machthunger zu stillen. Die Geschichte der Menschheit ist die Geschichte von Machtkämpfen. Bedenken wir zudem, daß man die Presse – und im weiteren Sinn alle Massenmedien – zur »vierten Gewalt« ernannt hat (nach der gesetzgebenden, der vollziehenden und der richterlichen), so erscheint uns Macht vollends als etwas Bedrohliches, dem wir mehr oder weniger ohnmächtig gegenüberstehen.

Aber nicht nur im Bereich der *polis,* also des öffentlichen Lebens, begegnen wir der Macht. Abgesehen von der »Macht des Schicksals«, der sich jeder einzelne wohl oder übel fügen muß, gelten zum Beispiel auch Reichtum und Wissen als Macht. Ob nun aber tatsächlich das liebe Geld die Welt regiert, oder ob man durch Wissen über die Schar der Unwissenden herrscht: Immer erscheint Macht das Privileg einiger weniger, die das Heft in der Hand und das Sagen haben.

Doch auch wenn wir gelegentlich dergleichen Macht als bloße Machenschaft durchschauen: »Macht« hat nichts mit »machen« zu tun, sondern mit dem Verb **vermögen**. Noch ursprünglicher mit dem Verb »mögen – mochte – gemocht«, welches zunächst »können« bedeutete, auch »fähig sein« und »möglich sein«. Ausdrücke wie »Das mag wohl stimmen«, »Was auch kommen mag ...«, »Sie mag sich noch so bemühen ...« belegen diesen frühen Sinn des Verbs »mögen«. Erst als es dann zunehmend seine Bedeutung auf »gern haben, lieben« verlegte, übernahm das Verb »vermögen« die Aufgabe, »Möglichkeit« und »Fähigkeit« auszudrücken. »Ich vermochte nichts zu erwidern«, sagen wir, und in der etwas staubigen Rechtssprache heißt es noch immer »vermöge seiner Befugnis ...«.

Wenn wir uns also beispielsweise im Ausland so recht und schlecht mit Zeichen verständigen, weil wir der Landessprache »nicht mächtig« sind, haben wir, ohne es zu merken, ein Stück Sprachgeschichte zurückgelegt. Wir haben den Weg von der »Fähigkeit« zur »Macht« nachvollzogen – einen Weg, den sich die Franzosen zum Beispiel sparen, da das Wort *pouvoir* sowohl »können« als auch »Macht« bedeutet. Doch auch die Deutschen mögen sich gelegentlich daran erinnern, daß Macht nicht ist, was man hat, sondern was man kann. Und »wer will, der kann«, sagt das Sprichwort.

Genau in diesem Sinn ist übrigens Nietzsches vielzitierter »Wille zur Macht« zu verstehen: nicht als Wille, von Menschen und Dingen Besitz zu ergreifen, um über sie zu herrschen, sondern als Wille zu »vermögen«, das heißt als Gegenteil von Selbstaufgabe, Resignation, Geschehenlassen. Und auch Heidegger nimmt die Sprache beim Wort, wenn er in seiner Freiburger Vorlesung ›Was heißt Denken?‹ sagt: »Als das vernünftige Lebewesen muß der Mensch denken können, wenn er nur will. [Und] der Mensch kann denken, insofern er die Möglichkeit dazu hat. Allein dieses Mögliche verbürgt uns noch nicht, daß wir es vermögen. Denn wir vermögen nur das, was wir mögen. [...] Nur wenn wir das mögen, was in sich das zu Bedenkende ist, vermögen wir das Denken.« Die Möglichkeit aber, das heißt das Vermögen und folglich die »Macht« zu denken, ist jedem gegeben.

Freilich: Auch das **Vermögen** hat sich dem Lauf der Zeit angepaßt und tendiert heute eher zum Besitz als zur Fähigkeit. Denn wenn uns eine Zahnbehandlung ein »Vermögen« kostet, wenn eine Erbtante uns ihr »Vermögen« hinterläßt – uns also laut »Vermächtnis« ihr Haus vermacht –, sind wir eben doch wieder beim Haben und beim lieben Geld. ... Ach, wir Armen!

RECHT

Schon immer war der Mensch darum bemüht, daß es auf der Welt mit rechten Dingen zugehe, daß alles seine Ordnung habe und wenn möglich Gerechtigkeit herrsche. So hat sich denn, ausgehend von der indogermanischen Wurzel *reg* (aufrichten, geraderichten, lenken, führen) und vor allem über das lateinische *regere – regi – rectus,* eine schier unüberschaubare Wortfamilie gebildet. Das Stammwort **Recht** entsendet seine Vertreter in alle Lebensbereiche, wo dann jeder seiner Aufgabe gerecht zu werden versucht.

So haben wir einen »Rechtsstaat« mit einer »Regierung«, die in den Grenzen ihres Machtbereichs – das heißt in ihrer »Region« – mehr oder weniger strenges »Regiment« führt. Betriebe haben ihren »Direktor«, Orchester ihren »Dirigenten«, Schulen ihren »Rektor«. Lehrer »unterrichten«, »korrigieren«, sorgen für »korrekte« »Rechtschreibung« und überhaupt für die Einhaltung einer Unzahl von »Regeln«. Daß im Französischen *la règle* sowohl »die Regel« als auch »das Lineal« heißt, ist also kein Zufall.

Auch unser **rechnen** kommt vom lateinischen *regere* und bedeutete zunächst nichts anderes als »ordnen, genau und schnell in angemessene Ordnung bringen«. Wenn also Goethe tatsächlich einmal den überraschenden Ausspruch tat, er ziehe ein Unrecht der Unordnung vor, so hat er dabei im Grunde nur übersehen, daß für die Sprache Recht und Ordnung dasselbe sind.

Das Verb **richten** entstand als Umlautform (e > i) von »Recht« und hieß zunächst: »gerademachen«, »aufrichten«. Doch gehörte »richten« auch schon früh zur Rechtssprache, wo es die Bedeutung von »urteilen« annahm und nun seinerseits die Wörter »Gericht« und »Richter« bildete, und vielleicht gehörte auch der »Bericht« zunächst in diesen Bereich. Jedenfalls ist ein »aufrichtiger« Mensch, wenn man die Sprache beim Wort nimmt, ein »gerader« Michel, einer, der keine krummen Dinge dreht. Geradheit – auf welchem Gebiet auch immer – war so sehr das Maß aller Dinge, daß auch heute noch alles, was nicht **richtig** ist, für **falsch** erklärt wird – bis hin zur »Fälschung« und zur »Falschheit«. Und es geschieht dies auf ebenso selbstverständliche Weise, wie man, wie wir gleich sehen werden, »rechts« und »links« einander gegenüberstellte. Gibt es zwischen »richtig« und »falsch« wirklich keine Zwischenstationen? Die Sprache jedenfalls ignoriert die Frage.

Denn daß alles seine Richtigkeit habe, scheint ihr (oder uns?) so erstrebenswert, daß sich nahezu alle Partikel mit dem Verb »richten« verbündet haben. Ob man das Essen (oder einen Schaden) »anrichtet«, seine Wohnung »einrichtet«, eine Arbeit »verrichtet«, Gebäude »errichtet«, seinen Hund »abrichtet«, Schüler »unterrichtet« (wobei das »unter« nichts mit einer vermeintlichen Unterlegenheit des Schülers zu tun hat, sondern vom lateinischen *inter* kommt und auf Gegenseitigkeit hinweist, wie das etwa auch für die Unterhaltung oder die Unterredung der Fall ist); ob jemand schlimm »zugerichtet« oder gar »hingerichtet« wird, immer geht es um dieses scheinbar wesentlichste aller Prinzipien: Ordnung!

Die Bezeichnung **Richtfest** erklärt sich ebenfalls aus dem ursprünglichen Sinn des Verbs »richten«: gerade machen, aufstellen. Erst wenn der Dachstuhl steht, darf gefeiert werden.

Die ungeduldigen Franzosen zum Beispiel sehen das anders: Sie nennen dieses Fest »*pendre la crémaillère*«, und das heißt »den Kesselhaken aufhängen«. So feiert also der Deutsche das Dach über dem Kopf, das ihn vor Regen, Wind und Kälte schützt und sein Haus zu einem Heim macht, während der Franzose sofort ans Essen denkt und sein Heim seinen »Herd« *(foyer)* nennt, sobald es in einem bauchigen Kessel zu brutzeln, zu schmoren und zu duften beginnt. Andere Länder, andere Sitten.

Natürlich gehört auch das Adjektiv **recht** zur Familie der Richtungen, Rechte und Regeln. Und zwar bezeichnete es zunächst ausschließlich die rechte Hand, also die »gute«, oder auch die »schöne« Hand, die Kinder der Tante geben oder mit der sie essen oder schreiben sollen. Das althochdeutsche Wort *lenka* soll anfangs ebenso ausschließlich »die linke Hand« bezeichnet haben. Forscht man aber etwas weiter nach, so erfährt man, daß **link** auch »lahm, schwach, schlaff, matt« bedeutete, später dann auch »fragwürdig« und »verdächtig« – eine Bedeutung, die in den sogenannten »linken Geschäften« weiter blüht und gedeiht.

Von »link« als dem Gegenteil von »recht« konnte man sozusagen per definitionem nur Unangenehmes oder Fadenscheiniges erwarten. Dies ist in der lateinischen oder italienischen Sprache noch deutlicher, wo *sinistra* sowohl »link(s)« als auch »düster«, »zwielichtig« und »unheilvoll« bedeutet. Aber auch die französische Sprache hat in diesem Zusammenhang einen interessanten Ausdruck anzubieten: »*être marié de la main gauche*«: »auf der linken Hand verheiratet sein«. Es handelt sich dabei um die sogenannte »morganatische Ehe« – eine Bezeichnung, die übrigens aus dem Deutschen kommt und tatsächlich mit dem »Morgen« zu tun hat. Wenn nämlich ein Adeliger unter seinem Stand heiratete, so fand die Vermählung am Morgen statt, ohne Prunk und Festgelage, also möglichst diskret. Die Braut mußte sich mit einer bloßen »Morgengabe« und mit der »linken Hand« des Gemahls begnügen, und sollten aus dieser Union dennoch Kinder hervorgehen, so hatten diese – auch wenn sie von ihrem Erzeuger anerkannt worden waren – keinerlei Anspruch auf irgendein Erbe. So wollte es das Recht.

Dieser kleine Exkurs führt uns zu der Frage, wie wir denn in der Politik zu rechten und linken Parteien gekommen sind, und wie es sich erklären läßt, daß Linksparteien nicht unbedingt und automatisch als unheilvoll, sondern eher als progressiv gelten. Nun, das ist eine lange Geschichte. Sie geht zunächst auf die Auguren zurück, diese offiziellen, ja beamteten Priester, die im antiken Rom vor wichtigen Entscheidungen um Rat gefragt wurden. Zur Erarbeitung ihrer Antworten beobachteten diese Auguren vor allem den Flug der Vögel und nannten ihre weisen Ratschläge »Auspizien« (von *avis:* der Vogel und *specere:* ansehen, beobachten), also wörtlich »Vogelschau«. Flogen die Vögel nach rechts, war dies ein gutes Zeichen, flogen sie nach links *(sinistra!),* stand nichts Gutes bevor. Als die Auguren sich dann später nicht mehr nach dem Flug der Vögel, sondern nach dem Appetit der heiligen Hühner richteten, wurde ihre Tätigkeit immer zweifelhafter, und man argwöhnte, daß sie sich allmählich zu dem entwickelten, was wir heute eine Lobby nennen.

Aber zurück zu den politischen Parteien. Daß rechts gut ist und links unheilvoll, soll viel älter sein als die Auguren und mit unserem Körper zu tun haben. Genauer gesagt mit den beiden wesentlichen Organen des Körpers, dem Herzen und der Leber, die als einzige lebenswichtige Organe nicht in doppelter Ausfertigung vorhanden sind und jeweils in unserer linken und unserer rechten Körperhälfte ihren Sitz haben. Das Herz galt als das stürmische Organ, das ständig seinen Rhythmus ändert, sich erregt und wieder beruhigt, das allen äußeren und inneren Einflüssen ausgesetzt, leidenschaftlich und also unberechenbar ist. Die Leber hingegen galt als das regulierende Organ, auf das man sich verlassen kann, sie galt als Erzeuger und regelmäßiger Erneuerer des Blutes, als das regenerierend-ausgleichende Organ des Körpers. Kein Wunder also, daß in der Zeit der französischen Restauration (1815–1830) der Präsident der Abgeordnetenkammer die Anordnung der Volksvertretung so bestimmte, daß die Gegner des Königs – also die stürmische, revolutionäre Opposition – zu seiner Linken zu sitzen kamen. Die Monarchisten hingegen durften »zur Rechten des Präsidenten« Platz nehmen.

Diese Anordnung hat dann in den Parlamenten der späteren Demokratien Karriere gemacht, und die Linke wurde, ob in der Opposition oder nicht, zum reformfreudig-liberalen, die Rechte zum konservativ-reaktionären Organ des Körpers Staat erklärt. Daß sich freilich in den Extremen der Kreis irgendwo schließt oder schließen könnte, mag erklären, warum man die Sitze im Parlament auf die Form eines Halbkreises oder eines Hufeisens beschränkte. Wo käme man hin, wenn es kein »rechts« und kein »links« mehr gäbe?

MÜNDIG

Wenn man gelegentlich sagen hört, daß eine allzu possessive Mutter ihren längst erwachsenen Sohn bevormundet oder daß ein Mensch aus diesem oder jenem Grund entmündigt werden mußte, so bringen wir diese Wörter nahezu automatisch mit der Sprache in Verbindung, das heißt mit der Möglichkeit oder der Fähigkeit, sich auszudrücken. Der erwachsene Mensch ist **mündig,** und »mündig« ist, wer in seinem Namen spricht und antwortet, meinen wir und schließen daraus, »mündig sein« und »verantwortlich sein« sei dasselbe.

Tatsächlich bringen eine ganze Reihe von Wörtern und Ausdrücken den **Mund** und das Sprechen in Zusammenhang: Ob mir jemand über den Mund fährt oder lieber den Mund hält, weil er sich nicht den Mund verbrennen will, ob jemand nicht auf den Mund gefallen ist und also ein gutes Mundwerk hat oder ob er eher mundfaul ist – der Mund scheint für den Deutschen das ausschlaggebende Sprechwerkzeug zu sein. Freilich wird im Deutschen auch die **Zunge** als solches betrachtet. Doch während zum Beispiel im Französischen »die Zunge« auch ganz generell und wertneutral »die Sprache« heißt, nämlich *la langue,* ist von der deutschen »Zunge« nicht immer Gutes zu erwarten. Leute, die eine lose, eine spitze, oder eine böse Zunge haben, meidet man besser. Auch die allzu zungenfertigen, und natürlich die doppelzüngigen.

Der Mund jedoch wird allen Lebenslagen gerecht: Ein mündliches Examen abzulegen oder sich für Mundarten zu interessieren sind durchaus ehrenwerte Beschäftigungen. Und um mündig zu werden, muß man beizeiten lernen, zur rechten Zeit den Mund aufzumachen.

Das schien auch für Immanuel Kant ohne Zweifel. In seiner ›Kritik der praktischen Vernunft‹ heißt es: »Faulheit und Feigheit sind die Ursachen, warum ein so großer Teil der Menschen, nachdem sie die Natur längst von fremder Leitung freigesprochen, dennoch gerne zeitlebens unmündig bleiben; und warum es anderen so leicht wird, sich zu deren Vormündern aufzuwerfen. Es ist so bequem, unmündig zu sein. Habe ich ein Buch, das für mich Verstand hat, einen Seelsorger, der für mich Gewissen hat, einen Arzt, der für mich die Diät beurteilt, so brauche ich mich ja selbst nicht zu bemühen. Ich habe nicht nötig zu denken, wenn ich nur bezahlen kann; andere werden das verdrießliche Geschäft schon für mich übernehmen.«

Diese anderen nennt Kant also die Vormünder: jene, die zwar anfangs »die Oberaufsicht« über die Unmündigen »gütigst auf sich genommen haben«, die jedoch auch auf den Geschmack der Macht gekommen sind, welche ihnen daraus erwächst, und die nun auf diese Macht nicht mehr verzichten wollen. So sind sie also gar nicht so ungehalten, wenn ihre Mündel unmündig bleiben, im Gegenteil: »Nachdem sie ihr Hausvieh zuerst dumm gemacht haben«, schreibt Kant, »und sorgfältig verhüteten, daß diese ruhigen Geschöpfe ja keinen Schritt außer dem Gängelwagen, darin sie sie einsperrten, wagen durften: So zeigen sie ihnen nachher die Gefahr, die ihnen droht, wenn sie versuchen, allein zu gehen.«

Ein strenges Urteil, meint der Leser, da er doch weiß, daß Begriffe wie »Vormund«, »Mündel«, »mündig sein« in der Rechtssprache nach wie vor völlig wertneutral verwendet werden. Für den Juristen vertritt der Vormund die Rechte seines Mündels bis zu dessen Volljährigkeit, und ein zu Rechtshandlungen unfähiger Mensch wird für »unmündig«, ja sogar für »mundtot« erklärt, ohne daß man ihn deshalb ganz generell am Sprechen hinderte. Wie und warum hat sich der Weg der Alltagssprache von dem der Rechtssprache getrennt?

Hier hat, erfahren wir bei den Sprachhistorikern, eine irrtümliche Überlagerung stattgefunden, was in der sogenannten Volksetymologie häufig vorkommen soll. Ursprünglich handelt es sich nämlich um zwei völlig verschiedene Wörter, nämlich »der Mund« und »die Mund«, die allmählich sozusagen ineinander übergegangen sind.

»Der Mund« leitet sich von dem indogermanischen Verbstamm *menth- her, der zunächst »kauen« bedeutete. Daraus entwickelten sich Ableitungen mit der Bedeutung »Öffnung«, »Loch«, »Höhle« sowie auch ein Sammelwort, das der heutigen »Mündung« entspricht und zum Bestandteil zahlreicher Ortsnamen wie etwa »Travemünde«, »Dortmund« oder »Gmunden« wurde. Der Mund hatte also zunächst viel eher mit Öffnung und (Nahrungs)aufnahme zu tun als mit dem Sprechen. Wann allerdings Ausdrücke wie »sich den Mund verbrennen«, »den Mund vollnehmen« oder »jemandem den Mund stopfen« vom Bereich der Nahrung in den der Sprache geglitten sind, ist nicht genau zu erkunden.

Fest steht nur, daß es bis ins Mittelalter ein Homonym weiblichen Geschlechts gab: »die Mund«. Dieses aus der indogermanischen Wurzel *men entstandene Wort bedeutete ursprünglich »die Hand«, war also mit dem lateinischen *manus* verwandt. Das althochdeutsche *ment* bedeutete zwar noch immer »Hand«, aber auch schon »Schutz« und »Vormund-schaft«. Diese Bedeutungserweiterung erklärt sich aus der »schützend über jemanden gehaltenen Hand«. Und so wurde aus dem Beschützer, in dessen Hand das Wohl seines Schütz-lings lag, der **Vormund.** »Unmündig« war man also, solange man dieses Schutzes bedurfte, »mündig« war der selbständige Mensch. Vielleicht hat sich die Nähe vom »Vormund« zum sprechenden Mund daraus ergeben, daß der Vormund in seiner Eigenschaft als Beschützer ja auch der »Fürsprecher« seines Zöglings war.

Männer also, die die Silbe »-mund« in ihrem Vornamen führen wie etwa Sigmund oder Edmund, sollen wissen, daß ihr Namensvater nicht etwa ein Mensch war, der den anderen bevormundete und ihn nicht zu Wort kommen ließ, sondern Schirmherr und Fürsprecher, also »Vormund« im schützenden, wohlwollenden Sinn des Wortes.

GEHORCHEN

Auf die erstaunliche Wortfamilie des Verbs »hören« wurde ich aufmerksam, nachdem ich mehrmals über die Schwierigkeit gestolpert war, Ausdrücke wie »das gehört sich nicht«, oder »das gehört verboten« zu übersetzen und begreiflich zu machen. Hatten diese Ausdrücke mit »gehören« im Sinne von »jemandes Eigentum sein« zu tun? Oder gar mit »hören«? Wie kam man vom »Gehör« zum »Gehorsam«? Wie hängen »hören«, »gehören« und »gehorchen« zusammen?

Das Verb **hören** hat sich aus dem Substantiv »Ohr« gebildet: Es wird angenommen, daß das mittelhochdeutsche *ore* mit dem griechischen *ous* sowie mit dem lateinischen *auris* verwandt ist. Das Anlaut-h von »hören« gehe auf das indogermanische Prä-fix *ak-* zurück, welches – wie das lateinische *acer* – »scharf« bedeutete. So daß *ak-ous* wörtlich heiße: »ein scharfes Ohr auf etwas habend«. Die Etymologen stützten sich bei dieser

Vermutung auf Wörter wie »Akustik«, das im Französischen *acoustique* geschrieben wird, dem erschlossenen Stammwort also sehr nahe kommt. »Ein scharfes Ohr auf etwas haben« wurde durch **horchen,** eine Intensivform von »hören«, noch deutlicher ausgedrückt. Und gleichzeitig auch negativ belegt, wenn wir dem Sprichwort glauben wollen, das uns warnt: »Der Horcher an der Wand hört seine eigene Schand.«

»Horchen« ist also möglichst zu unterlassen, **gehorchen** jedoch wird empfohlen. Es bedeutete »gehorchen« nichts anderes als »aufmerksam zuhören« – und dementsprechend handeln. »Hören« und »gehorchen« waren sozusagen ein und dasselbe, doch war das schon bei den alten Griechen so, in deren Sprache *akuein* ebenfalls zugleich »hören« und »gehorchen« bedeutet. Wer das Sagen hatte, gab Befehle, und »Gehorsam« war Ausführen dieser Befehle. Auch unser **grüßen** wünschte ja ursprünglich nicht höflich einen »Guten Tag«. Das Verb bedeutete »zum Kampf auffordern« und »zum Reden bringen«, war also ebenfalls auf ganz konkrete Wirkung aus. Heute sind »hören« und »gehorchen« zwei getrennte Begriffe, was bedeuten sollte, daß wir nicht alles, was wir zu hören bekommen, gehorsam in die Tat umsetzen müssen. Das wäre bei der Wortlawine, die täglich allein über Rundfunk und Fernsehen auf uns herunterstürzt, auch gar nicht möglich, meinen wir. Und doch: Beziehen politische Parolen sowie Werbeslogans ihre Wirkung nicht auch daher, daß »hören« und »gehorchen« eben doch zur selben Wortfamilie gehören?

Auch **hören** und **gehören** waren einst dasselbe. In der Bibel sagt Jahwe zu Jakob: »Ich habe dich beim Namen genannt, also gehörst du mir.« (Esau 43,1) Das läßt sich so verstehen: »Du hörst mich, da ich dich rufe; und ich rufe dich, damit du mir gehorchst; und da du mir gehorchst, gehörst du mir.« Es war diese »Logik« jahrhundertelang eine Selbstverständlichkeit, und die Feudalherren haben sie wohl zu nutzen gewußt. Erst in neuerer Zeit stellen wir den zwingenden Kausalitätszusammenhang zwischen »hören«, »gehorchen« und »gehören« in Frage. Doch sind die Wörter eben da, und gerade mit »hören« haben sich zahlreiche Partikel verbunden, so daß es für Ausländer nicht immer einfach ist, mit diesen Verbindungen zurechtzukommen. Jemandem »zuhören«, ein Gespräch »mithören«, sich eine Schallplatte »anhören« sind nicht ganz dasselbe. Man kann »sich verhört haben«, kann aber auch »verhört werden«. Man kann *zu* einer Gruppe gehören, aber einer Partei gehört man *an,* und keiner gehört mehr keinem, denn schließlich sind wir unabhängige Menschen.

Dennoch zeigt das Adjektiv **hörig,** daß Wörter sich nicht so leicht abschaffen lassen. In der Feudalzeit bedeutete »hörig sein« – als Wort der Rechtssprache –, daß jemand vom Gutsherrn an das verliehene Land gebunden und zu bestimmten Diensten verpflichtet war. Obwohl es längst keine Lehnherrn mehr gibt, existiert das Wort weiter: Es wanderte in den Bereich der Gefühle, genauer gesagt in den Bereich der Moral, und bezeichnet seither die völlige Abhängigkeit eines Menschen von einem anderen. Diese Abhängigkeit ist aber nicht nur eine sexuelle, als die wir sie meist verstehen und die wir für so beschämend halten, daß wir das Wort nicht gern in den Mund nehmen. In einer 1945 gehaltenen Rede bezeichnete Thomas Mann die Deutschen als »obrigkeitshörig«, und im etymologischen Wörterbuch (Kluge) finde ich »wirtschaftshörig«. Aber wir sagen heute lieber »süchtig« als »hörig« und vergessen dabei, daß »Sucht« von (dahin)»siechen« kommt und wir also mit der »Eifersucht«, der »Habsucht« und der »Herrschsucht« kaum besser dran sind als mit der in Ungnade gefallenen »Hörigkeit«.

Noch ein Wort zu den eingangs erwähnten Ausdrücken wie »das gehört sich nicht«, »du gehörst ins Bett« oder auch »die gehörige Tracht Prügel«: Sie werden verständlich, wenn wir »gehören« nicht nur im engen Sinn von »zum Besitz haben« verstehen – diese Tasche gehört mir –, sondern in seinem weiteren Sinn, nämlich »zukommen« und »gebühren«. Was mir »gebührt«, »gehört« mir auch, was sich nicht »gehört«, »ziemt« sich nicht.

Wundert es uns noch, wenn behauptet wird, die deutsche Sprache halte uns dauernd Moralpredigten?

BÜRGER

Wohl wenige germanische Wörter haben eine so eklatante internationale Karriere gemacht wie **Burg** und **Bürger**! Die Franzosen haben ihren *bourg* (Marktflecken) mit seinem *bourgmestre* (Bürgermeister), ihren *bourgeois* und die ganze *bourgeoisie;* die Italiener haben desgleichen *borgo, borgomastro, borghese* und *borghesia;* die Engländer bringen das Wort in zahlreichen Ortsnamen unter wie *Salesbury, Marlborough, Newburgh* ... und erklären *borough* zum Wahlkreis; wie auch das schwedische *Göteborg* sich als ein naher Verwandter unserer zahllosen auf -berg und -burg endenden Namen zu erkennen gibt.

Bevor es den Bürger und seine Stadt – oder seinen Staat – geben konnte, mußte allerdings eine Burg vorhanden sein, und diese wiederum brauchte als Voraussetzung zu ihrer Existenz einen Berg. Zumindest das Wort »Berg« mußte es geben, denn obwohl Berge bekanntlich vor der Sprache da waren, beginnt ihre Geschichte für uns erst mit ihrer Taufe. *In principio verbum erat:* Im Anfang war das Wort.

Das Wort **Berg** geht auf die indogermanische Wurzel **bhergho* zurück, aus der sich über das germanische *berga* das gotische *bairg* entwickelte, mit der Bedeutung von »Grab«, »Grabhügel« (englisch *barrow*), »Hügel«. Der althochdeutsche *berg* wurde zum Stammvater einer Reihe von Wörtern wie »bergen«, »verbergen«, »Geborgenheit«, »Herberge«, »Gebirge«.

Da das indogermanische **bheregh* »hoch, erhaben« bedeutete, dürfte sich die »Burg« aus diesem Adjektiv gebildet haben, und zwar im Sinne einer »schützenden Höhe«. Und da es diese Burg nun ihrerseits zu schützen und zu verteidigen galt, waren *burg-were* vonnöten, »Bürg-er« also, deren erste Aufgabe es war, die jeweilige Burg und damit sich selbst zu verteidigen, genauer: vor feindlichen Angriffen zu »wehren«.

Dieses Verb **wehren** geht seinerseits auf einen indogermanischen Stamm zurück, **uer-*, der den geflochtenen Zaun (sozusagen als Vorfahren des Schutzwalls) bezeichnete, später dann einfach »schützen, bewahren, wehren« hieß, woraus wir noch später sowohl das »Gewehr« als auch die »Gewähr« ableiteten. Neuerdings auch die »Bürgerwehren«, die übrigens so neu nicht sind, sondern auf ein altes Bürgerrecht zurückgreifen. »Bürgerwehren« waren in der Tat zivile Ordnungshüter, die innerhalb der Stadt(mauern) für Ordnung sorgten, unabhängig von fürstlichen Befehlen oder Erlässen. Dank solcher »Bürgerinitiativen«, wie wir das heute nennen würden, konnten allmählich gewisse Städte »freie Reichsstädte« werden, sich also selbst verwalten.

Dies funktionierte anscheinend so gut, daß der »Bürger« nicht mehr viel zu »wehren« hatte und es sich gemütlich machen konnte. Er wurde konservativ und entwickelte sich zum **Spießbürger.** Das war allerdings schon im 17. Jahrhundert kein Kompliment, denn der Name bezeichnete damals einen rückständigen Zeitgenossen, der statt des modernen Gewehrs den alten »Spieß« trug. Später hat er dann auch diesen Spieß an den Nagel gehängt, um seither als engstirniger Kleinbürger der »guten alten Zeit« nachzuhängen, sich über die jeweilige »heutige Jugend« zu ent-rüsten (weil er ihr, wörtlich und historisch, ent-waffnet gegenübersteht), und generell über alles »moderne Zeug« zu meckern.

Eine andere Kategorie der etwas in Verruf geratenen Bürger bildeten die **Schildbürger.** Von ihnen behaupten die Sprachforscher, sie hätten ihren Namen vom »Schild« (nicht dem Wegweiser natürlich, sondern der scheibenförmigen Schutzwaffe!), aber ich persönlich halte mich lieber an die Literatur. Da war nämlich am Ende des 16. Jahrhunderts in Kassel ein Buch erschienen, dessen Titel ›Wundersame, abentheuerliche, unerhörte und bisher unbeschriebene Geschichten und Thaten der Schildtbürger in Misnopotamia‹ ankündigte. Die Bürger des sächsischen Städtchens Schilda(u) – in der Gegend von Meißen – sollen nämlich so klug gewesen sein, daß man sie ständig mit Bitten um Ratschläge belästigte. Darauf hätten sie sich dumm gestellt, heißt es, und zwar so gründlich, daß ihre Gehirnzellen nachhaltigen Schaden erlitten hätten und ihnen allerlei Mißgeschick zugestoßen sei. Ob sie inzwischen ausgestorben sind, ist nicht mit Sicherheit festzustellen, so daß dem einen oder andern die Vermutung erlaubt ist, sie würden in Gestalt »zerstreuter Professoren« weiterleben und sich bester Gesundheit erfreuen. Das ist gar nicht so unwahrscheinlich, wenn man bedenkt, daß sich ja auch der griechische *idiotes* vom harmlosen Privatmenschen – also dem Normalbürger – in der deutschen Sprache zum »Idioten« und dann weiter zum »Fachidioten« entwickelt hat, von denen es ja auch eine ganze Reihe geben soll.

Und da die Wörter (oder die Menschen?) meinen, daß sie sich mit der Sprache alles erlauben können, hat sich ein letzter Sprößling des ehedem tapferen Burgverteidigers in der Nahrung niedergelassen und feiert unter dem Decknamen »Hamburger« Triumphe. International, versteht sich. Seine Geschichte ist die eines Emporkömmlings, der als solides »Hamburger Hackfleischstück« nach Amerika auswanderte, dort zum »Hamburgersteak« wurde, sich den Firmennamen **Hamburger** zulegte und den Atlantik rücküberquerte. Wohl schwimmend, sonst brauchte er nicht das obligate Ketchup, um wenigstens danach zu schmecken. Daß sich die Sprache obendrein den »Cheeseburger« gefallen läßt, der so tut, als hätte »Hamburger« mit *ham,* also mit Schinken zu tun, läßt sich nur so erklären, daß sie es aufgegeben hat, in Sachen *fast food* mitzureden. Sie schüttelt höchstens den Kopf, wenn sie sieht, wie die Menschen in Scharen einem Genuß erliegen, der nach ihrem Gesichtspunkt ja doch nur »fast« mit »Nahrung« zu tun hat.

Daß »Biedermeier« mit »bieder« zusammenhängen könnte, vermutet man wohl, aber wer fragt schon danach, welches der beiden Wörter zuerst da war? Biedermeier war sicher der Name irgendeines in Vergessenheit geratenen Kunsttischlers oder Gartenfreundes, der dann auf Möbel, Kleidung und Lebenskunst einer ganzen Epoche übertragen wurde. Dabei sind Biedermeiermöbel nach wie vor eine Kostbarkeit, während wir das Adjektiv »bieder« schon längst in der Mottenkiste verstaut haben. Ich meine, wer will heute schon »bieder« sein? Das Wort wird, wenn überhaupt, höchstens abschätzend gebraucht, nahezu vorwurfsvoll: »Mensch, bist du bieder!« ruft der Sohn und meint damit eine jeweils variable Zusammensetzung aus spießig, pedantisch, kleinkariert, engstirnig, borniert, schulmeisterhaft, rückständig, reaktionär und noch vieles andere, wozu ihm die Worte fehlen. Aber auch wenn der Vater von jemandem hört, der sich bei den Leuten »anbiedert«, sieht er darin nur plumpe Schmeichelei und schlüpfrige Unterwürfigkeit.

Dabei war **bieder** lange Zeit ein durchaus ehrenhaftes Wort. Das althochdeutsche *bitherbi,* das über das mittelhochdeutsche *biderbe* unser »bieder« ergab, hieß in seiner Grundbedeutung »dem Bedürfnis entsprechend« und wurde allmählich zur Bezeichnung einer Reihe von äußerst respektablen Eigenschaften wie: »brauchbar«, »nützlich«, »tüchtig«, »tapfer«, »rechtschaffen«, »aufrichtig«, »verläßlich« ...

Erst im 18. Jahrhundert begann die Bedeutung des tugendsamen Adjektivs in Richtung »naiv«, »einfältig«, »beschränkt« abzugleiten. Wenn zum Beispiel in Lessings ›Emilia Galotti‹ der Prinz über Emilias Vater sagt: »Ein alter Degen; stolz und rauh; sonst bieder und gut!« so sieht er im väterlich strengen Oberst Odoardo kaum mehr als einen harmlosen Querulanten. Lessing selbst ist allerdings anderer Meinung: Der »biedere« Vater wird seine Tochter töten, um sie vor Schande zu bewahren, er wird zur tragischen Figur, eben weil er »ein Vater von ehedem« ist, »bieder« im alten, ehrenwerten Sinn des Wortes.

Bei Max Frisch ist der **Biedermann** vollends zum Inbegriff des naiven, gutgläubig dummen Kleinbürgers geworden. In seinem Einakter ›Biedermann und die Brandstifter‹ zeigt uns Frisch, wie Biedermann seinen beiden »Gästen« dienstbeflissen dabei hilft, sein eigenes Haus in Brand zu stecken, obwohl die Brandstifter ihn von Anfang an über ihre kriminelle Absicht unterrichtet hatten. Frisch klagt hier die Kleinbürger der dreißiger Jahre an, die sich durch ihren bornierten Diensteifer und ihren blinden Gehorsam mitschuldig gemacht haben an einer »Brandstiftung« weltweiten Ausmaßes.

Der Name **Biedermeier,** der heute für eine ganze Epoche und ihren Lebensstil steht, stammt ebenfalls aus der Literatur und wurde erst nachträglich auf die Zeit zwischen dem Wiener Kongreß (1815) und der Märzrevolution (1848) angewendet. Denn die Figur des Schulmeisters Gottlieb Biedermeier tauchte erst in den fünfziger Jahren des 19. Jahrhunderts in den ›Münchener Fliegenden Blättern‹ auf und verdankt ihre Existenz der Feder Ludwig Eichrodts. Schulmeister Biedermeier ist der beschränkte, pedantische, engstirnige Spießbürger, der den Menschen nach der Achtundvierziger-Revolution als typischer Vertreter einer »Welt von gestern« erschien. In dieser Welt galt bescheidenes Glück im trauten Heim als Lebensstil, eine gemütliche Wohnstube mit allerlei praktischen Möbelstücken und verspieltem Nippes als Kunststil. Man wollte die Welt weder verändern noch an ihr teilhaben, sondern zog sich zurück und wollte in unbeschwerter Genügsamkeit die kleinen Freuden des Alltags genießen.

Wollte? War dieser Rückzug in die private Sphäre wirklich eine frei gewählte Vorliebe für das Einfache und Anspruchslose? Hatten nicht eher ruinöse Kriegsjahre und enttäuschte *Liberté-Égalité-Fraternité*-Hoffnungen diese intimistische Lebensphilosophie notwendig gemacht? Wir wissen, wie streng

Fürst Metternich darüber wachte, jedes Aufflackern revolutionärer Gedanken im Keim zu ersticken. Als im Jahre 1817 im »Wartburgfest« eine protestierende Jugend reaktionäre Bücher verbrannte und »Bürgerrechte« forderte, wie etwa das »Recht des freien Gedankenverkehrs durch Rede und Schrift« oder die »Abschaffung der Patrimonialgerichtsbarkeit«, hat Metternich mit äußerster Härte geantwortet, und zwar mit den »Karlsbader Beschlüssen« und den Maßnahmen der sogenannten »Demagogenverfolgung«: Kontrolle der Universitäten, Verbot der Burschenschaften, Zensur der Presse, Sperrstunde und Verbot jeder »Versammlung« von mehr als drei Personen auf der Straße.

Diese Not haben also die Menschen der Biedermeierzeit so gut sie konnten zur Tugend gemacht. Wir sollen das nicht vergessen, wenn wir die romantischen Malereien von Ludwig Richter, Moritz von Schwind oder Carl Spitzweg betrachten und nachsichtig lächeln über soviel rührend weltfremde Biederkeit. Sehen wir nämlich diese Bilder aus der »guten alten Zeit« vor dem Hintergrund der historischen Ereignisse, entdecken wir vielleicht da und dort die feine Ironie, mit der man das Schwere leichter und erträglicher zu machen versuchte.

Denn es gibt für diese Zeit des »Biedermeier« auch einen anderen Namen: »Vormärz«. Und mit diesem Wort werden die verspielten Pastellfarben der Biedermeierzeit zu schwarz-roten Kontrasten. Wir denken an die Dichter des »Jungen Deutschland« wie Heine, Börne, Büchner, die ins Exil mußten, an den Aufstand der schlesischen Weber, und daran, daß auch ein Metternich den Lauf der Geschichte nicht aufzuhalten vermochte: Im März 1848 kam es dennoch zu Aufruhr und blutiger Revolution.

Biedermeier: ein Beispiel unter vielen, das uns zeigt, wie sehr wir manchmal geneigt sind, die Vergangenheit zu verklären und ihr die schwierige Gegenwart entgegenzustellen. War die sprichwörtliche »gute alte Zeit« wirklich so gut, wie wir sie nennen, so gemütlich und bieder?

Wortspaltereien

Wenn wir sagen, das Lamm stelle die Unschuld dar, Schwarz sei die Farbe der Trauer oder H_2O die chemische Formel für Wasser, bedienen wir uns sogenannter »Symbole«. Das Wort kommt aus dem Griechischen: *symballein* bedeutet »zusammenwerfen, zusammenbringen, vergleichen«, und die ersten Symbole (*symbola,* »zusammenpassende, zusammengehörige Stücke«) waren Erkennungszeichen: Bevor man sich trennte, brach man ein Tonstück oder einen Ring entzwei, und irgendwann konnte man einander wieder begegnen und sich mit diesem Bruchstück zu erkennen geben.

Eine ähnliche Trennung in zwei Hälften vollzieht sich zwischen Sprache und Wirklichkeit. Sprache ist immer »symbolisch«, jedes Wort ist ein »Symbol«: ein Erkennungszeichen, ein Losungswort oder ein Sinnbild, das innerhalb einer Sprach- und Kulturgemeinschaft Geltung hat, das heißt dieses oder jenes Fragment der Wirklichkeit bezeichnet. Auch das einfachste Wort, wie etwa »Tisch«, »Brot«, »Baum«, ist nicht mehr als ein Hinweis auf den genannten Gegenstand.

Wenn ich Freunden von einem Baum erzähle und dabei an einen ganz bestimmten Baum denke, der daheim vor dem Haus stand und in den einmal der Blitz eingeschlagen hat, so wird niemand »meinen Baum« sehen, auch wenn ich ihn noch so genau zu beschreiben versuche. Dies ist die Unzulänglichkeit der Sprache. Aber jeder, der mir zuhört, wird sich einen bestimmten Baum vorstellen, so daß schließlich ebensoviele Bäume, Erinnerungen und Geschichten im Raum sind wie Menschen, und dies ist das Verwirrende an der Sprache: Immer sagt sie weniger, als man möchte, und mehr, als man sagen wollte.

Dabei ist »Baum« ein konkretes Wort, wie wir sagen. Wieviel komplizierter wird es bei sogenannten abstrakten Begriffen wie »Trauer«, »Unschuld«, »Frieden« ...! Es gibt zwischen Sprache und Wirklichkeit immer einen »Rest«, ein Unsagbares, das wir höchstens mit Bildern veranschaulichen oder mit immer neuen Wörtern »umschreiben« können. Würde es Mißverständnisse geben, Taubstummendialoge und überhaupt die vielen Wörter und Sprachen, wenn das Wort mit der Sache identisch wäre? Vielleicht war der mißglückte Versuch des Turmbaus zu Babel nicht nur Strafe für die Vermessenheit der Menschen – »Babel« heißt »Verwirrung« –, sondern im Grunde auch dieses Geschenk: die Menschen vor der Illusion zu schützen, sie könnten die Welt in Worte fassen, sie könnten sie durch Sprache beherrschen, ein für allemal.

Freilich warnt uns auch das Sprichwort: »Jedes Ding hat zwei Seiten«, sagt es, um uns auf die Vielseitigkeit der Dinge aufmerksam zu machen. Doch auch Wörter – wie etwa »verdienen«, »annehmen«, »aufheben«, »halten« – haben ihre zwei Seiten, wenn nicht mehr. Ganz zu schweigen von einer Unzahl von Ausdrücken und Wendungen. Wie sollen wir beispielsweise eine Hochzeitsanzeige verstehen, auf der es heißt: »Wir haben uns getraut«? Was ist, bitte, »ein selbstloser Mensch«? Hören wir denn immer zu, wenn die Sprache in Fertigteilen aus uns herausredet? »Ganz zu schweigen von« sagte ich eben selbst als Einleitung zu einer längeren Erklärung. »Krieg mir (!) bloß keine Grippe«, meint die besorgte Mutter. »Reiß dich zusammen«, raten wir dem, der ohnehin schon dasitzt wie ein Häufchen Elend. »Was fehlt dir denn?« fragen wir und hören gar nicht, wie sinnvoll die Frage ist.

Ohne es uns immer einzugestehen, wissen wir natürlich, daß Sprache eine zweifelhafte Angelegenheit ist. Deshalb brauchen und gebrauchen wir ja auch die zahlreichen Vorsichtswörter wie »eigentlich«, »im Grunde«, »irgendwie«, »unter Umständen«, »wie es scheint«, »nicht unbedingt«, »wohl doch«, »möglicherweise«, »nicht zuletzt« ... Wörter und Wendungen, die von Pedanten der Gewißheit als Unfähigkeit bezeichnet werden, die Dinge zu sagen, »wie sie sind«.

Wieso Unfähigkeit?

Zweifel an der Einfalt der Wörter: als geistige Tätigkeit, die uns wach hält, als etwas Schweres, durch das vieles andere leichter wird, aber auch als Geste, die Raum läßt für die Meinung des andern.

MEINEN

»Jeder hat das Recht, seine Meinung in Wort, Schrift und Bild frei zu äußern« heißt es im Artikel 5 des Grundgesetzes, und diese Meinungsfreiheit ist eines der Grundrechte nicht nur jeder Demokratie, sondern jedes Menschen. Da man aber von diesem Recht auf freie Meinungsäußerung nur Gebrauch machen kann, wenn man über eine solche **Meinung** verfügt, ist der Besitz einer Meinung eine Notwendigkeit, ja eine Pflicht: keine Freiheit ohne Meinung. Mehr noch: Über alles und jeden eine Meinung zu haben ist eine erstrebenswerte Tugend, ist die goldene Mitte zwischen der sturen Überzeugung und dem unschlüssigen Zweifel. Daß Meinungsinstitute durch Meinungsumfragen zu erkunden suchen, wie es um die öffentliche Meinung bestellt ist, hindert niemanden daran, seine eigene Meinung für die einzig wirklich vernünftige zu halten.

Es ist deshalb um so erstaunlicher, daß wir dennoch jede Gelegenheit wahrnehmen, diese eigene Meinung loszuwerden. Meinungsaustausch nennen wir das, und der funktioniert so: A sagt B seine Meinung, rundheraus, ohne Umschweife, offen gestanden, wirft sie ihm buchstäblich an den Kopf; worauf B mit seiner Meinung desgleichen verfährt, sie dem A richtig hineinsagt, klipp und klar und endgültig. Daß der beiderseitigen Erleichterung sehr bald Mißstimmung folgt, weil man zwar seine eigene Meinung los ist, mit der des andern aber nichts anzufangen weiß, das kann auch vorkommen, wenn es durchaus wohlwollend und freundschaftlich zugeht. In dem Fall endet die Sache dann mit einem gegenseitigen Rückumtausch. »Aber ich hab's doch nicht so gemeint!« – »Ich doch auch nicht!«

Gesagtes und Gemeintes decken sich offenbar nicht immer. Es gibt da einen Zwischenraum, den die deutsche Sprache mit dem Wort »meinen« zwar nicht füllt, aber doch wahrnimmt.

Das Verb **meinen** kommt vom lateinischen *mens* (Geist) und bedeutete ursprünglich: »im Sinn haben«, also »sinnen, denken, glauben, vermuten, beabsichtigen, erwähnen«, und, wenn auch seltener, »bedeuten«. Daß die Franzosen unter anderem auch das Verb *mentir* (lügen) vom lateinischen *mens* ableiten, ist so erstaunlich nicht, wenn man bedenkt, wie groß manchmal der Unterschied zwischen »meinen« und »sagen« sein kann. Nur wird dieser Unterschied mit dem französischen *mentir* als beabsichtigte Unaufrichtigkeit eingestuft, während das deutsche »Es war nicht so gemeint!« sich eher auf die Unzulänglichkeit der Sprache beruft. Es ist eben nicht alles sagbar. Nicht restlos jedenfalls.

Und genau von diesem Rest, den es immer gibt, immer geben darf und vielleicht geben muß, spricht das Verbum »meinen«. Was wir auch sagen, immer schwingt Ungesagtes und Unsagbares mit, und es ist wohl kein Zufall, daß das Wort »meinen« in seiner mittelhochdeutschen Form von *minnen* die Bedeutung von **lieben** hatte. Der Minnesang, die höfische Minne, besingt die Liebe zur unerreichbaren edlen Dame, der *frowe guot,* die der Minnesänger »meint« – die er »im Sinn und im Herzen« hat und der seine Gedanken und seine Verse gelten. Gerade Liebe kann nicht gesagt, kann nur gemeint werden, das wußten wohl vor allem die Dichter, und auch nach den Minnesängern wurde »meinen« lange Zeit im Sinne von »lieben« gebraucht. »Freiheit, die ich meine« ist die »Freiheit, die ich liebe« und nicht, wie wir es heute verstehen, die »Freiheit, von der ich in meinem persönlichen Verständnis des Wortes spreche«.

Es geht jedoch nicht nur darum, das, was ich »meine«, so auszudrücken, daß es nicht erdrückt wird vom Gewicht der Worte. Es gehört zur Mitteilbarkeit des Gemeinten ein Mindestmaß an gemeinsamer Erfahrung, ein gemeinsames Wissen um die kulturelle, emotionale oder wertende Färbung gewisser Wörter. Der Ausruf »Der Film war irre!« kann nur von Eingeweihten als »Der Film war großartig!« verstanden werden. Und ein Ausländer wird sich wohl erst in unsere Sprachgewohnheiten einhören müssen, um nicht verblüfft zu sein, wenn wir uns über seinen Besuch »furchtbar« freuen, wenn wir »unheimlich« stolz sind auf unseren Sprößling, wenn wir es »schrecklich« lieb finden, daß die Nachbarin sich anbietet, uns während unseres Urlaubs die Blumen zu gießen. Redewendungen, Modewörter, alle Arten von Jargon sind nur Eingeweihten zugänglich, und es gibt Wörter oder Ausdrücke, die nur innerhalb einer Familie gelten oder nur zwischen einzelnen Personen, die verstehen, was damit gemeint ist und vor allem, »wie es gemeint ist«.

Aber auch das, was wir vom andern wissen oder zu wissen glauben, verändert für uns den Sinn, das »eigentlich Gemeinte« seiner Worte. Wenn mein hitziger Bruder seinen Freund einen Trottel nennt, weiß ich, daß er es nicht so meint; bei Tante Emmas unverändertem »es geht mir glänzend« weiß ich, daß ich nicht auf die Worte, sondern auf den Tonfall hören muß, und Fritz, diesem leidenschaftlichen Aufschneider, glaube ich von vornherein nur die Hälfte.

Was aber, wenn der Lügner die Wahrheit sagt?

Die Frage ist uralt, und schon die Griechen zerbrachen sich den Kopf über das sogenannte »Paradox des Lügners«: Wenn der aus Kreta stammende Epimenides behauptet: »Alle Einwohner Kretas sind Lügner«, so sagt er entweder die Wahrheit, also ist er ein Lügner, oder aber er sagt nicht die Wahrheit, also lügt er auch …

Es gibt im Talmud eine noch subtilere Behandlung dieses Raums zwischen Gesagtem und Gemeintem: Gewisse Buchstaben werden mit einem Punkt versehen (nequoud), was darauf hinweist, daß das so bezeichnete Wort nicht buchstäblich zu verstehen ist, sondern in einem »übertragenen Sinn«. So heißt es zum Beispiel am Ende der Geschichte Jakobs (I. Moses 33,4):

»Esau aber ging auf Jakob zu und umarmte ihn.« Im Talmud sind die Buchstaben der beiden letzten Wörter punktiert, was andeuten könnte, daß Esau seinen Bruder in Wirklichkeit würgte. Aber die Sache ist komplexer: Da nämlich jedermann »weiß«, daß Esau allen Grund hatte, seinen jüngeren Bruder zu hassen – hatte dieser ihm doch für ein Linsengericht sein Erstgeburtsrecht »abgekauft« –, würde man die Punkte nicht brauchen, um die Umarmung ironisch zu verstehen. Die Punkte wollen also in diesem Fall nicht auf das Gesagte, sondern auf die vorgefaßte Meinung des Lesers wirken. Die Punkte sagen hier: Diesmal stimmen die Worte, Esaus Geste ist aufrichtig und versöhnend, Esau umarmt Jakob wirklich.

Ob wir nun diesen lebendigen Raum zwischen Gesagtem und Gemeintem Ironie nennen, Lüge, Übertreibung, Humor oder Poesie: Es ist die uralte Freiheit des Menschen, sich der Sprache auf eine ganz persönliche Art zu bedienen, etwas anderes zu meinen als das, was er zu sagen scheint. Und vielleicht gehört auch dies, und nicht nur für die Dichter, zur »Freiheit, die ich meine«.

AUFGEBEN

Wörter haben verschiedene Möglichkeiten, uns mit ihrer schillernden Bedeutungsvielfalt an der Nase herumzuführen. Eine ihrer bevorzugten Neckereien ist das »Falsche-Freunde-Spiel«. Sie gehen in zwei oder mehreren Sprachen im gleichen oder doch ganz ähnlichen Gewand einher und lachen sich ins Fäustchen, wenn wir glauben, sie würden auch dasselbe bedeuten. Aber *la figure* ist nicht die »Figur«, sondern das »Gesicht«, *caldo* bedeutet das Gegenteil von »kalt«, nämlich »warm«, *salire* bedeutet im Italienischen »nach oben gehen«, im Französischen aber »schmutzig machen«, und das lateinische *morbidus* (von *morbus:* Krankheit) haben wir zum krankhaften, kränklichen

»morbid« gemacht, während *morbido* für die Italiener »ange-nehm weich« bedeutet: *una voce morbida* ist eine weiche, war-me Stimme.

Aber auch innerhalb ein und derselben Sprache können gewisse Wörter verschiedene Bedeutungen haben, und dies ist nur selten ein Zufall. Sicher: Beim Verb **kosten** zum Beispiel handelt es sich um eine zufällige Homonymie. Wenn ich die Suppe koste und sie köstlich finde, gebrauche ich ein »kosten«, das mit dem lateinischen *gustare* (schmecken, genießen) ver-wandt ist, mit dem französischen *goût* und dem italienischen *gusto.* Aber wenn mich etwas ein Vermögen kostet, entspricht dieses »kosten« dem französischen *coûter,* welches seinerseits auf das vulgärlateinische *costare* zurückgeht und mit bezahlen zu tun hat.

Doch meist gibt es zwischen den verschiedenen Bedeutungen eines Wortes einen Zusammenhang, auch wenn dieser uns nicht immer bewußt ist. Es gilt dies für Wörter wie »faul«, »nachtra-gen«, »folgen«, »heißen«, »trauen«, »aufheben«, »erledigen«, ebenso für »Schuld«, »Opfer«, »Gericht«, »Vermögen« und andere mehr. Der jeweils eindeutige Sinn des entsprechenden Wortes wird durch den Kontext bestimmt, und es besteht kei-ne Gefahr, den »faulen Schüler« spontan mit dem »faulen Apfel« in Verbindung zu bringen oder das »Unvermögen« als »Armut« zu verstehen. Manchmal aber wird dieser Doppelsinn lebendig: Das Wort scheint sich zu spalten und seine verschie-denen Bedeutungen gleichzeitig anzubieten. Das kann sich ergeben, wenn wir den Zusammenhang nicht kennen und Sät-ze hören wie: »Das Kind folgte ihm nicht.«; »Er hat mir dieses Geschenk jahrelang nachgetragen.«; »Heb das bitte auf.« ... Es kann ein solches Kräftespiel zwischen den möglichen Bedeu-tungen eines Wortes aber auch beabsichtigt sein, und wir spre-chen dann ganz folgerichtig von einem »Wortspiel«.

Solche Wortspiele stellen verständlicherweise Übersetzer vor schier unlösbare Aufgaben. Und es ist kein Wunder, daß diese

Übersetzer – aber vielleicht nicht nur sie – seitenlang ausgerechnet darüber debattieren, wie denn der Titel von Walter Ben-
jamins Aufsatz ›Die Aufgabe des Übersetzers‹ zu verstehen und
also zu übersetzen sei. Handelt es sich um eine Arbeit, die
einem aufgegeben, das heißt auferlegt wurde, um eine Aufgabe
also, die man zu erledigen hat wie etwa eine Schulaufgabe?
Oder versteht Benjamin das Wort **Aufgabe** auch in dem Sinn,
in dem wir beispielsweise von der Aufgabe, also der Nichtfort-
setzung eines Projekts oder eines Kampfs sprechen? Bedeutet
hier »Aufgabe« also auch, daß in einer Übersetzung vieles ver-
lorengeht, also aufgegeben werden muß, darunter nicht zuletzt
die Hoffnung auf vollkommene Übersetzbarkeit? Will Benjamin schließlich auch andeuten, daß der Übersetzer sich selbst
aufgeben muß, daß seine Aufgabe auch darin besteht, selbst
nicht in Erscheinung zu treten? Denn es stimmt wohl, daß der
Übersetzer sich auf eben diese Gratwanderung einläßt: eine
Aufgabe zu übernehmen, dabei ständig sich selbst sowie alles
Unübersetzbare aufzugeben, ohne jedoch die Aufgabe selbst an
den Nagel zu hängen.

Etwas kompliziert, wird man sagen, aber sind wir einmal aufmerksam geworden auf den Doppelsinn eines Wortes, hören
wir auch in ganz alltäglichen Situationen plötzlich die andere
Bedeutung durch. Ein Beispiel: Was mache ich genau, wenn ich
»einen Brief aufgebe«? Gebe ich dem andern einen Antwort-
brief auf, wie etwa eine Schulaufgabe? Gebe ich die Bereitschaft
auf, das Ungesagte zu ertragen? Oder gebe ich ihm ein Rätsel
auf, mit der unausgesprochenen Bitte, es – nicht! – zu lösen?

Es sieht so aus, als sei die Erfüllung einer Aufgabe immer mit
einem Verlust verbunden: Wir müssen uns, indem wir etwas
sagen oder tun, für eine der Möglichkeiten entscheiden, und auf
alles, was *auch* möglich wäre, verzichten. Genau in dieser
Gleichzeitigkeit von Gewinn (an Realität) und Verlust (an Vir-
tualität) liegt für Walter Benjamin »die Aufgabe des Übersetzers«. Es handelt sich also, wie wir sehen, nicht um irgendein

Wortspiel, sondern um den Versuch, ein Wort »in der Schwebe des Lebendigen« zu halten, wie Max Frisch das einmal genannt hat. Eine Schwebe, die gerade beim Übersetzen nahezu immer aufgegeben werden muß, weil sich Doppelbedeutungen oder Bilder in den verschiedenen Sprachen eben nur ganz selten decken. Es muß deshalb die Übersetzung nicht schlechter, farbloser oder ärmer sein als das Original. Aber sie ist anders. Wo zum Beispiel ein altersschwacher deutscher Motor scherzhaft-resigniert »seinen Geist aufgibt«, gibt sein französischer Leidensgenosse »seine Seele zurück« *(rendre son âme),* und man könnte nicht sagen, welcher der beiden Ausdrücke mehr zu denken gibt ...

OPFER

Bei den unzähligen Opfern, die kriegerische Konflikte, Wirtschaftskrisen, Straßenverkehr oder geschlagene Rekorde laufend fordern, ist anzunehmen, daß wir zuerst an diese oft tödliche Bedeutung des Wortes **Opfer** denken. Und erst in zweiter Linie an das gebrachte Opfer oder an das Aufopfern, diese recht zweischneidige Sache, in der wir uns selber zu Opfern einer Situation oder einer Person machen. Doch wenn das Wort Zeit hat, ein bißchen länger im Ohr zu bleiben, hören wir in dem »Opfer« auch die ursprüngliche Opfergabe, und es fällt uns vielleicht das »Opferlamm« oder das ›Musikalische Opfer‹ von Bach ein.

Das Verb **opfern** kommt vom lateinischen *operare* und hieß zunächst: »etwas tun«, »etwas machen«, »handeln«. Die Franzosen machten aus dem lateinischen Verb ihren Arbeiter *(ouvrier)* und das Werk *(œuvre),* ebenso die Italiener, deren *opera* (Werk) wir auf das musikalische Bühnenwerk, die **Oper,** beschränkt und in diesem Sinn übernommen haben. Im deutschsprachigen Raum griff man ab dem 16. Jahrhundert auf das lateinische *operare* zurück, so daß Mediziner nicht »opfern«, sondern **operieren,** und Künstler wie Gelehrte von ihrem **Opus** sprechen, ihrem »erarbeiteten Werk«.

Denn das eingedeutschte Verb »opfern« ist schon früh in den Bereich der Kirche abgewandert, und bereits im 6. Jahrhundert wurde seine Bedeutung enger und präziser: »Opfern« heißt seither »etwas geben«, »etwas darbringen, indem man auf es verzichtet«. Dieser doppelte Sinn von »Gabe« und »Verzicht« wird wohl am besten durch das sogenannte »Opferlamm« illustriert. Denn wenn der Sündenbock, den Aaron mit allen Sünden Israels beladen in die Wüste jagt, aufgeopfert wird und er sein Schicksal als Opfer sozusagen passiv erleidet, so ist das Opferlamm Sinnbild der Erlösung, weil es in die Gabe seiner Unschuld einwilligt. Es opfert diese Unschuld für das Heil der Menschen.

Dieses Zusammenfallen gegensätzlicher Bedeutungen auf ein und dasselbe Wort ist nicht auf irgendeinen Irrtum in der Wortbildung zurückzuführen, sondern ein durchaus sinnvoller Hinweis der Sprache darauf, daß gewisse Dinge eben nur durch ihr Gegenteil »existieren« (Tag/Nacht, Leben/Tod), ja daß gewisse Wörter im Zuge einer solchen Polarisierung sogar ihr eigenes Gegenteil ausdrücken können, wie das für das lateinische *sacer* (»heilig« und »verflucht«) oder *altus* (»hoch« und »tief«) der Fall ist, oder für unseren »Boden« (Fußboden und Dachboden). Dasselbe gilt für das Wortpaar »Gift/Gabe«, die vielzitierte »Haßliebe«, den seltsamen »Hitzefrost«, das wenig salonfähige, aber nicht minder aufschlußreiche »scheißfreundlich« oder unser altes »mitnichten«, das dem englischen *without* verwandt ist und das unsere Kinder sich auf ihre Art eingedeutscht haben, wenn sie die Bratwurst lieber »mit ohne Senf(t)« wünschen.

Opfer kann man also bringen oder werden. Daß so mancher opferbereite Mensch bis zur Selbstaufopferung geht und damit nicht nur sich selbst, sondern auch den Beschenkten zum Opfer seiner Opferleidenschaft macht, ist mehr als eine Wortspielerei, wie wir wissen. Ob allerdings diese heillose Variante der Mehrdeutigkeit, dieser seltsame Rückkoppelungseffekt des »Opfers« von der Sprache oder von den Menschen geschaffen wurde, ist nicht zu belegen.

Und warum nannte Johann Sebastian Bach das »Opus«, welches er dem preußischen König Friedrich dem Großen gewidmet hat, ausgerechnet ›Ein Musikalisches Opfer‹? Sollte dieser Name Ausdruck einer besonderen Ehrerbietung sein?

Erinnern wir uns an die Anekdote: Am 7. Mai 1747 kommt der dreiundsechzigjährige Bach nach einer langen und anstrengenden Reise in Potsdam an, wo er unverzüglich gebeten wird, die fünfzehn Silbermann-Klaviere zu überprüfen und auf ihnen zu improvisieren. Bach bittet den König um ein Fugenthema und dieser, wohl um zu sehen, wie weit die Kunst des Kontrapunkts gehen kann, erbittet sich eine Fuge mit sechs obligaten Stimmen. Da sich aber das königliche Thema für eine solche Ausführung nicht eignet, schlägt Bach ein eigenes Thema vor und führt es zur allgemeinen Verwunderung aus dem Stegreif aus. Nach seiner Rückkehr in Leipzig jedoch arbeitet Bach das vom König erhaltene Thema drei- und sechsstimmig aus, läßt es in Kupfer stechen, gibt ihm den Titel ›Ein Musikalisches Opfer‹ und widmet es dem König.

Ist die Doppelsinnigkeit dieses Titels wirklich ein Zufall? Die Geschichte hat in der Tat zwei Seiten: Am bedeutendsten deutschen Hof empfangen zu werden, war für den alten Bach sicher einer der Höhepunkte seines Lebens, und wir verdanken dieser Begegnung eines der vollkommensten Werke Bachs. Aber war es von Friedrich II. nicht etwas vermessen, von Bach die Quadratur des Kreises zu fordern? Der König war nicht nur Musikliebhaber, sondern spielte selbst Flöte, komponierte sogar, er mußte also wissen, daß seine Forderungen die Möglichkeiten auch eines Bach überstiegen. War Friedrich der Große also weder groß genug, sich vor der Größe eines Genies zu beugen, noch menschlich genug, einen halbblinden Greis zu schonen? Sicher: Bach hat mit dem Flötenpart der Triosonate den königlichen Flötisten seinerseits an die Grenzen seiner Kunst zu drängen gewußt, aber die diskrete Zweideutigkeit des Titels ist mindestens ebenso sprechend.

GIFT

So überraschend es scheinen mag: **Gift** kommt von geben. Das Wort hieß also zunächst »Gabe«, »Geschenk«, wie das ja im englischen *gift* heute noch der Fall ist. Auch die **Mitgift,** der Teil des elterlichen Vermögens, welcher der Braut mit-gegeben wird, bestätigt diesen ursprünglich vorherrschenden Sinn von »Gift«, nämlich: **Gabe.**

Irgendwann muß sich dann der Bedeutungswandel vollzogen haben, denn das Verb »vergeben« hieß schon früh: »vergiften«. Das ist nicht weiter verwunderlich, da die Partikel ver- einem Verb durchaus eine negative Bedeutung verleihen kann, wie das etwa für »versagen« und »verbieten« der Fall ist, oder für das »verzogene« Kind, den »verwachsenen« Baum und das »verstimmte« Klavier.

Wahrscheinlicher jedoch ist, daß es sich bei »Gift« um ein Wort handelte, das sowohl »Gabe« als auch »Gift« bedeutete. Wie das griechische *pharmakon,* das zugleich »Heilmittel« und »Gift« bedeutet, oder das lateinische *potio,* aus dem die französische Sprache zwei Wörter entwickelt hat, nämlich *la potion,* den »Heiltrunk«, und *le poison,* das »Gift«. So wäre denn die heilsame oder schädliche Wirkung ein und desselben Mittels eine Frage der Dosierung und »Gift« im Grunde nichts anderes als ein Zuviel des Guten?

Genau. Als Beweis könnte man, um im Bereich der Arzneien zu bleiben, die »Drogerie« nennen, in der es allerlei Heilsames zu kaufen gibt. **Droge** kommt nämlich vom niederländischen *drog:* »trocken«, bezeichnete also ganz generell getrocknete Heilkräuter, ohne daß es sich dabei unbedingt um Rauschgift, also Drogen im heutigen engen Sinn des Wortes handelt.

Wir müssen also vorsichtig sein, mahnt uns die Sprache, mit Heilmitteln wie mit Gaben. Ein Zuviel des Guten – und allem voran des Gut-gemeinten – kann in sein Gegenteil umschlagen, und vielleicht enthält im Grunde jedes Geschenk sein Quentchen Gift: Es verpflichtet. Das hatten die Azteken, die indianischen Stämme Mexikos, sehr wohl verstanden und eine originelle Art des Kriegführens ersonnen, den *potlatch*. Es ging darum, den Rivalen herauszufordern, indem man ihn ostentativ, das heißt in einer ritualisierten Zeremonie, beschenkte, fast könnte man sagen: beschämte. Der Rivale mußte antworten, das heißt überbieten, was eine neue Herausforderung darstellte, und so weiter. Es gab Varianten dieser Geschenkspirale, wie das prunkvoll inszenierte Zerstören unermeßlicher Reichtümer vor den Augen des Rivalen oder sogar das Töten von Menschen, und zwar von eigenen Sklaven. Worum ging es im Grunde bei diesen »Geschenken«? Nicht um Besitz, wie wir sehen, nicht um Haben, sondern um Macht. Macht durch zur Schau gestellten Verzicht auf Besitz.

In dieser für uns paradoxalen Art des Kriegführens wird die Geste des Gebens zur Geste der Demütigung des Beschenkten, wird die Gabe zu Gift. Japaner praktizieren übrigens heute noch ganz offiziell eine solche Geschenkeskalation, andere tun es auch, aber ohne es zu sagen oder sich dessen gar zu rühmen. So wie sich aber das Wort »Gift« in der »Gabe« versteckt, so versteckt sich wohl in diesem oder jenem Geschenk – das durchaus auch Lob oder Schmeichelei sein kann – eine nicht immer liebevolle oder selbstlose Absicht.

Lessing zum Beispiel hat diese enge Beziehung zwischen Gabe und Gift zu nutzen gewußt, um seinen Zeitgenossen eine Lektion zu erteilen: in seiner Fabel ›Der Rabe und der Fuchs‹. Es ist interessant, sie mit der gleichnamigen Fabel von La Fontaine zu vergleichen (beide gehen auf Äsop zurück): Bei La Fontaine trägt ein Rabe ein Stück Käse im Schnabel, wird vom heuchlerischen Fuchs auf seine schöne Stimme angesprochen, macht tatsächlich den eitlen Versuch zu singen, öffnet weit den Schnabel und läßt so den Käse fallen, mit dem sich der Fuchs voller Schadenfreude davonmacht. Der »moralische Satz«, Zweck jeder Fabel, ist klar: Höre nicht auf Schmeichler, warnt La Fontaine. Lessing aber geht deutlich einen Schritt weiter:

»Ein Rabe trug ein Stück vergiftetes Fleisch, das der erzürnte Gärtner für die Katzen seines Nachbars hingeworfen hatte, in seinen Klauen fort. Und eben wollte er es auf einer alten Eiche verzehren, als sich ein Fuchs herbeischlich und ihm zurief: ›Sei mir gesegnet, Vogel des Jupiters!‹ – ›Für wen siehst du mich an?‹ fragte der Rabe. – ›Für wen ich dich ansehe?‹ erwiderte der Fuchs. ›Bist du nicht der rüstige Adler, der täglich von der Rechten des Zeus auf diese Eiche herabkommt, mich Armen zu speisen? Warum verstellst du dich? Sehe ich denn nicht in der siegreichen Klaue die erflehte Gabe, die mir dein Gott durch dich zu schicken fortfährt?‹

Der Rabe erstaunte und freute sich innig, für einen Adler gehalten zu werden. Ich muß, dachte er, den Fuchs aus diesem Glauben nicht bringen. – Großmütig dumm ließ er ihm also seinen Raub herabfallen und flog stolz davon.

Der Fuchs fing das Fleisch lachend auf und fraß es mit boshafter Freude. Doch bald verkehrte sich die Freude in ein schmerzhaftes Gefühl; das Gift fing an zu wirken, und er verreckte.

Möchtet ihr euch nie etwas anderes als Gift erloben, verdammte Schmeichler!«

Meint Lessing.

FASTEN

Man wird schon wissen, warum man nicht mehr von »Fasten« spricht, sondern von »Diät«. Die aus dem Griechischen stammende **Diät** (*diaita*: Einteilung) klingt vornehmer und war außerdem schon im 18. Jahrhundert Synonym von gesunder

Ernährung und Lebensweise. Sogar der Philosoph Immanuel Kant gebraucht das Wort: »Habe ich einen Arzt, der für mich die Diät beurteilt, so brauche ich mich ja selbst nicht zu bemühen«, heißt es in seiner ›Kritik der praktischen Vernunft‹. Das Zauberwort »Diät« füllt denn auch nach wie vor die Wartesäle der Ärzte und garantiert heute außerdem das Überleben sämtlicher Frauenzeitschriften. Natürlich kann Diät manchmal streng sein, aber auch wenn sie statt genußvollem Essen beinhartes Kalorienzählen gebietet: Wir vertrauen unsere überflüssigen Pfunde doch lieber der klugen Dame an, die bekanntlich auch in medizinischen Kreisen verkehrt, als dem traurigen Hungerkünstler namens Fasten.

Dabei war das Verb **fasten** ursprünglich gar nicht traurig: Bevor es nämlich im Mittelalter christianisiert und zur Übung der Enthaltsamkeit wurde, bedeutete es »gedeihen«, »fruchtbar sein«, und es gab auch einen »Fas(t)abend«, ein volkstümliches Vorfrühlings- und Fruchtbarkeitsfest, bei dem man die Wiedergeburt der Natur feierte. Man spielte »Jetzt treiben wir den Winter aus« und sang etwa:

»Winter ade
Scheiden tut weh
Aber dein Scheiden macht
Daß mir das Herze lacht.«

Von Traurigkeit, Sack und Asche also keine Spur! Freilich: Es wurde auch bei den Heiden schon im heutigen Sinn des Wortes gefastet. Aber nicht, um seine Ausdauer im Entsagen unter Beweis zu stellen, sondern weil gegen Ende des Winters die Vorräte aufgezehrt waren und man nichts mehr zu beißen und zu brechen hatte.

Aus dieser Not hat dann das Christentum eine Tugend gemacht, und da Tugenden verdient werden müssen, wurde etwa ab dem Mittelalter das Verb »fasten« mit neuem Inhalt versehen. Es bedeutete nunmehr »fest sein im Durchhalten«, auch

»an den Geboten festhalten«. Das Gebot zu fasten galt – und gilt heute noch – für die »Fastenzeit«, die mit der »Passionszeit« zusammenfällt. Das französische Wort für Fastenzeit, *carême,* das vom lateinischen *quadragesima dies,* also dem vierzigsten Tag (vor Ostern) hergeleitet wurde, weist jedoch darauf hin, daß diese Zeitspanne von vierzig Tagen eigentlich der Fastenzeit Jesu in der Wüste entspricht. Hier hat – wie so oft – eine Überlagerung der Ereignisse stattgefunden, denn die Prüfungen in der Wüste wurden dem jungen Jesus auferlegt, stehen also in keinem direkten Zusammenhang zur »Passionsgeschichte«. In der Bibel lesen wir: »Nachdem er vierzig Tage und vierzig Nächte gefastet hatte, hungerte ihn. Da trat der Versucher heran und sprach zu ihm: Bist du Gottes Sohn, so sprich, daß diese Steine Brot werden! Er aber antwortete: Es steht geschrieben: Der Mensch lebt nicht vom Brot allein, sondern von einem jeglichen Wort, das aus Gottes Munde hervorgeht.« (Matthäus 4, 2–4)

Der gläubige Mensch sollte sich also in der »Fastenzeit« auf die Entbehrungen und Versuchungen Jesu besinnen, in sich gehen und durch standhaftes Durchhalten im Verzicht Leib und Seele reinigen.

Aber wie gesagt: Gefastet hatten in dieser Jahreszeit schon die Heiden, und da deren Frühlingsfest zu altem Brauchtum gehörte, wurde auch den Christen ein Fest gewährt: **Fastnacht.** Eine Art Henkersmahlzeit am Vorabend des Aschermittwoch, wo man noch ein letztes Mal alle Genüsse durchsündigt, erstens um sich Mut zu machen für die kommende Durststrecke, zweitens aber auch, damit sich die große Läuterung dann auch lohnt. So kann dieser »Vorabend der Fastenzeit« in gewissen Gegenden mehrere Tage dauern, wobei übrigens der **Rosenmontag** nicht etwa der Tag ist, wo man eine Pause macht, der Auserwählten Rosen schenkt und von Luft und Liebe lebt. Die vermeintlichen »Rosen« kommen aus dem Rheinland, wo »rosen« oder »roasen« soviel heißt wie »toben, tollen, ausgelassen sein«. Es geht also im Gegenteil am »rasenden Montag« erst richtig los! Wenn schon Abschied, dann ausgiebig! Denn von Abschied ist ja im **Karneval** ausdrücklich die Rede: Das Wort kommt vom mittellateinischen *carnevale,* dem »Fleischentzug während der Fastenzeit«, und *»carne vale!«* heißt ganz prosaisch: »Fleisch, lebe wohl!«

Der süddeutsche **Fasching** setzt andere Akzente. Das Wort kommt von einem freudigen »oho, vaschang!«, das den »Fastschank« begrüßte, denn der Mensch lebt schließlich nicht vom Brot allein. Bedenken wir allerdings, daß schon im Mittelalter der *vastganc,* das heißt die Fastenprozession, die damals noch eine todernste Angelegenheit war, in einem *vastschank* endete, und daß es vom »Schank« zum »Schwank« nicht weit ist, so sehen wir, daß der Mensch immer einen Grund zum Feiern fand: ob nach der Fastenzeit, wie die Heiden, oder vorher, wie die Christen.

Das sollten sich vielleicht diejenigen überlegen, die vom Fasten auf die Diät umgestiegen sind und nun ohne Fastnacht dastehen ...

LEBEN

Die deutsche Sprache hat – wie andere Sprachen auch – die Möglichkeit, den Infinitiv von Verben zu substantivieren. Das Kommen und Gehen wird so gebildet, das Wissen und das Nachdenken, das Können, das Essen oder das Leben. Meist hört man diese Wörter als Verben und unterscheidet etwa das »Können« von der Kunst, das »Nachdenken« von der Überlegung oder das »Sterben« vom Tod. Schon für das »Essen« aber, das wir auf den Tisch stellen oder kalt werden lassen, müssen wir uns von der Sache losdenken, um das Verb zu hören, aber immerhin können wir »Essen« durch »Mahlzeit«, »Speise« oder »Gericht« ersetzen und es uns schmecken lassen.

Für das **Leben** jedoch gibt es kein Ersatzwort, kein gleichwertiges Substantiv, es gibt im Deutschen keinen Unterschied zwischen *life* und *live*, zwischen *vie* und *vivre*, zwischen *vita* und *vivere*. Das Leben ist weder ein Gefäß, das uns geschenkt wurde und das wir nun zu (er)füllen hätten, noch ein von den Sternen vorbestimmter Inhalt, noch ist es der Zustand, der sich als das Gegenteil von »Tod« definieren ließe. »Das Leben« ist ein Verb, ein Tunwort, wie es die Abc-Schützen nennen, ein Zeitwort, wie wir auch sagen. Und da es im Infinitiv steht, wartet es darauf, von einer Person näher bestimmt zu werden: ich lebe, du lebst, er lebt ... In diesem Sinn ist das Leben nichts anderes als die jedem einzelnen gebotene Möglichkeit zu leben: das Leben nicht als Besitz, sondern als ein Vorgang, als eine Tätigkeit – ganz wie etwa das Denken oder das Kommen und Gehen.

Aus dieser grammatikalischen Perspektive betrachtet und wieder zum Verb geworden, verliert das Leben sogleich seine kompakte, begrenzte Gegenständlichkeit, es verliert dieses Gewicht, das wir manchmal nicht mehr ertragen wollen, es wird beweglich und ... lebendig. Es tut sich was, pausenlos, auch wenn wir meinen, nichts zu tun. Zugleich werden gewisse Aphorismen oder Redensarten äußerst fragwürdig. Zum Beispiel das berühmte »Nicht für die Schule, sondern für das Leben lernen wir«, mit dem schon die Römer ihren Kindern angst gemacht haben vor dem zu erwartenden »Ernst des Lebens«. Als hätte Leben nicht schon längst vor der Schule begonnen! Aber auch die Deutschen, die doch das Leben als Tun- und Zeitwort angeboten bekamen, sind zu dergleichen optischen Täuschungen fähig: »Nimm dir Zeit und nicht das Leben« heißt es. Sind denn Zeit und Leben nicht dasselbe?

Aber freilich: Alles hat seinen Preis. Der lebendigen Beweglichkeit des Lebens entspricht – wenn wir in dieser buchstäblichen Perspektive des Zeitworts bleiben – auch eine beängstigende Unbestimmtheit. Es gibt keine Konturen mehr, die den Gegenstand »Leben« von anderen abgrenzen würden. Und so wie wir den unaufhaltsamen Lauf der Zeit in Scheiben schneiden und diese Scheiben zählen – Monate, Tage, Stunden ... , so teilen wir auch das Leben in Phasen, und wir messen diesen Phasen unterschiedliche Wichtigkeit bei. So gilt etwa die Kindheit als Vorbereitung auf das »kommende« Leben, das Alter als Bilanz des »gelebten« Lebens. Damit glauben wir etwas Ordnung in ein Geschehen zu bringen, das uns im »Hier und Jetzt« immer zu provisorisch und völlig ungereimt vorkommt. Und wir verbringen viele unserer Gedanken damit, an unserer Lebensgeschichte zu schreiben, so als müßten wir jederzeit ein fertiges Werk abliefern, möglichst klar strukturiert, logisch und lesbar. Wir machen uns sozusagen laufend fertig, im schönen Doppelsinn des Ausdrucks. Das aber ist den Biographen vorbehalten. Nur für sie, die über Tote berichten, ist »das Leben« ein Gegenstand, nur unter ihrer Feder wird es zu einem Ganzen, mit Anfang, Höhepunkt und Ende, mit Gestalt und Sinn.

Wir selbst aber können den Sinn unseres Lebens nicht kennen, weil wir ihn nicht »erleben«. Das ist die bedauerliche Seite der Sache. Es gibt aber auch eine tröstliche. Sie geht von der ursprünglichen Bedeutung des Verbs »leben« aus, führt über »bleiben«, »Leib« und »Leber« hin zur »ewigen Wiederkehr«. Und zwar so: Die Grundbedeutung des Verbs **leben** war »beharren«, auch »übrigbleiben«, und wird von Etymologen als Durativform – also Dauerform – der germanischen Wurzel *lip* bezeichnet, einer Wurzel, aus der sich zum Beispiel auch der »Leim« herleitet. Denn das germanische *bi-liban,* das unser heutiges **bleiben** ergab, bedeutete ursprünglich »kleben«, im Sinne von »haften bleiben« – daher, wie gesagt, der »Leim«, aber auch der klebrig-glitschige »Schleim« oder der schon früh zum Verschmieren der Wände benutzte »Lehm«.

Auch der **Leib** entstand aus dem germanischen *lip* und war lange Zeit Synonym von »Leben«, nämlich als das Bleibende, oder wie man viel später sagen sollte, als das Seiende. Das englische *life*, das deutlich unserem »Leib« verwandt ist, bestätigt diese ehemalige Sinngleichheit von »Leib« und »Leben«; so wie man »leibeigen« im Mittelalter deutlich als »mit dem Leben zugehörig« verstand oder wie wir heute von der »Leibrente« als einer »Rente auf Lebenszeit« sprechen. Freilich wurde der vergängliche Leib als Gegenstück zur unsterblichen Seele verstanden, aber er bezeichnete auch das Lebende, aus dem neues Leben hervorgeht, also das Bleibende: So sprechen wir von der »Frucht des Leibes«, dem »Mutterleib«, dem »leiblichen Kind« ...

Und auch die **Leber** ist mit dem »Leben« sprachlich verwandt. Da man nämlich vor der Entdeckung des Blutkreislaufs die Leber als das Organ betrachtete, welches das Blut erzeugt, wurde sie neben dem Herzen zum Sitz des Lebens erklärt. Das Herz galt als das ungestüme, die Leber als das regulierende Organ. Und das war nicht irgendein aus der Luft gegriffener Glaube. Man muß die erstaunliche Regenerierungsfähigkeit der Leber schon sehr früh beobachtet haben, und sie ist in einer symbolischen Form sogar in die griechische Mythologie eingegangen. Erinnern wir uns an die Geschichte des Prometheus: Er hatte Zeus das Feuer gestohlen, wurde zur Strafe an einen Felsen des Kaukasus geschmiedet, und ein Adler fraß täglich an seiner Leber, die jede Nacht nachwuchs. Die Strafe wäre eine endlose Qual gewesen, hätte nicht Herakles den Adler mit einem Pfeil durchbohrt und so den rebellischen Titanen erlöst.

So ist also »das Leben«, wenn wir die Form, die Geschichte und die Verwandtschaft des Worts betrachten, nicht nur vergängliches und an die Gegenwart gebundenes Tun, sondern auch ständige Erneuerung, Wiedergeburt, also Zeitlosigkeit und Dauer. Die Philosophen sprechen von »ewiger Wiederkehr«, von »stirb und werde«; die Dichter erzählen uns die Geschichte des königlichen »Phönix«, der sich selbst verbrennt und aus seiner eigenen Asche neugeboren emporsteigt; die christliche Religion spricht von »Auferstehung«. Aber wir brauchen nicht so weit zu gehen: Die Natur sagt es uns ebenso deutlich, und bei ihr ist die Sprache wohl zu allererst in die Schule gegangen.

Schon immer und wahrscheinlich in allen Kulturen hat man etwas benannt, das die Radikalität des Todes abschwächte, etwas, das weiterlebt, entweder körperlos oder in einem anderen Körper. Die Griechen, für die das Seelenheil keine zentrale Sorge war, gaben der *Psyche* absolute Schönheit und machten sie zur Geliebten des *Eros*. Die Römer unterschieden *animus* von *anima*, stellten also dem männlichen geistigen Prinzip das weibliche gefühlvolle gegenüber. Für viele Naturvölker aber stand die Seele eher im Gegensatz zum Körper – »Leib und Seele« –, bedeutete etwas Unbestimmtes und als solches eher etwas Bedrohliches.

Das mag erklären, warum das deutsche Wort **Seele** von »**See**« abgeleitet ist: Gewisse, besonders dunkle und neblige Seen galten nämlich bei den Germanen als Orte, wo sich die Seelen vor der Geburt und nach dem Tod aufhielten. Genau bedeutete das urgermanische Wort **saiwa-lo*, also »See-le«: »die vom See stammende, zum See gehörende«. Die Seele muß für die alten Germanen etwas Unheimliches, Geheimnisvolles, Beunruhigendes gewesen sein.

Natürlich denkt heute spontan keiner mehr an den »See« oder irgend ein schauriges Gewässer, wenn er von der »Seele« spricht. Man denkt vielleicht an Geschichten, wo einer seine Seele an den Teufel verkauft und dadurch seinen Schatten verliert, wie Chamissos ›Peter Schlehmil‹, oder man denkt an Hofmannsthals ›Frau ohne Schatten‹, wo eine junge Fee ihr Menschsein, also ihre Seele, durch Verzicht und Läuterung erwerben muß. Und sicher denkt man auch an Ausdrücke wie »mit Leib und Seele«, »ein Herz und eine Seele«, oder an die berühmten Verse aus Goethes ›Faust‹: »Zwei Seelen wohnen, ach! in meiner Brust, Die eine will sich von der andern trennen ...«

Doch hat uns eben Goethe in seinem ›Faust‹ noch etwas anderes über die Seele zu sagen. Worin besteht nämlich der berühmte Pakt, den Faust mit Mephisto schließt? Was verspricht Faust dem Mephisto eigentlich? Seine Seele? Wie formuliert er den »Vertrag«?

> »Werd' ich beruhigt je mich auf ein Faulbett legen,
> So sei es gleich um mich getan!
> Kannst du mich schmeichelnd je belügen,
> Daß ich mir selbst gefallen mag,
> Kannst du mich mit Genuß betrügen –
> Das sei für mich der letzte Tag! (...)
> Werd' ich zum Augenblicke sagen:
> Verweile doch, du bist so schön!
> Dann magst du mich in Fesseln schlagen,
> Dann will ich gern zu Grunde gehn! ...«

Man kann diesen Pakt so verstehen, daß Faust bereit ist, den Augenblick der erreichten Vollkommenheit mit seinem Leben zu bezahlen. Da aber diese Vollkommenheit für den Menschen *per definitionem* nicht erreichbar ist – und Faust weiß das –, steht der Verlierer des Handels von Anfang an fest: Mephisto. Denn ein Mensch, der satt, selbstgefällig und zufrieden ist, ein Mensch, der keine Fragen, keine Zweifel, kein Verlangen mehr hat, ist in den Augen des unersättlichen Faust kein Mensch mehr. Sollte dieser Augenblick wirklich eintreffen, so hat Faust seine Seele schon vorher verloren und ist nur mehr ein leerer Sack: wunschlos, also tot.

Man könnte meinen, **selig** komme von Seele, und Kinder sowie Ausländer – vielleicht nicht nur sie – haben Schwierigkeiten, »seelisch« und »selig« auseinanderzuhalten und schreiben spontan »seelig«. Was gar nicht so unlogisch ist, wenn man zum Beispiel an den Ausdruck »meine selige Mutter« denkt oder an den Bibelspruch: »Selig die Armen im Geiste, denn ihrer ist das Himmelreich.« Es geht ja auch bei »selig« um Leben und Tod und also irgendwie um die Seele. Aber »selig« ist ein altes Adjektiv, das im Laufe der Zeiten »gütig«, »glücklich«, »einfältig«

(englisch *silly*), »gnädig«, »heiter«, »fromm«… hieß, und das erst in Anlehnung an das lateinische *beatus* den Sinn von »glückselig« angenommen hat.

Dieses glückselige »selig« aber ist wiederum nicht zu verwechseln mit der Nachsilbe »-selig«, die wir in Wörtern wie »mühselig«, »trübselig« oder »armselig« finden. Hier wurde das Adjektiv jeweils aus einem Substantiv abgeleitet, und zwar aus »Mühsal«, »Trübsal« und dem verschwundenen »Armsal«, das soviel wie »Elend« hieß. Dieses »-sal« war ein Suffix wie etwa »-heit«, »-keit«, »-schaft« und hatte keine eigenständige Bedeutung. Ob aber zum Beispiel das Wort **leutselig** sich auf irgendeine »Leutsal« bezieht, ist nicht belegt. Es dürfte eine späte Analogiebildung sein, die aber wiederum die Nähe zur »Seele« herzustellen scheint: Ein leutseliger Mensch ist ein wohlwollender, freundlicher Mensch mit Herz, also mit Seele.

Doch was nun diese Seele genau sei, wissen wir immer noch nicht. Alle Wissenschaften, auch die Psychoanalyse, die sich zu ihnen zählt, müssen an der Grenze dieses Unerforschlichen haltmachen. »Der Beobachter der Seele«, schreibt Kafka in seinem dritten Oktavheft, »kann in die Seele nicht eindringen, wohl aber gibt es einen Randstrich, an dem er sich mit ihr berührt. Die Erkenntnis dieser Berührung ist, daß auch die Seele von sich selber nicht weiß. Sie muß also unbekannt bleiben. Das wäre nur dann traurig, wenn es etwas anderes außer der Seele gäbe, aber es gibt nichts anderes.«

TOD

Angefangen hat es mit der Schlange. Und zwar mit der aus dem Paradies, welche die unschuldige Eva dazu überredet hatte, vom verbotenen Baum zu essen. Ach so, meinten meine französischen Freunde (in deren Sprache die Schlange, *le serpent*, männlichen Geschlechts ist), für die Deutschen war der Verführer ein Weib? Ja, dann ist das doch eine ganz andere Geschichte!

So kamen wir auf Wörter zu sprechen, die von ihrem Genus her ganze Weltanschauungen bestimmen können. Der **Mond** ist zum Beispiel in allen romanischen Sprachen eine launische Dame (die sich unsere Dichter gelegentlich als »Luna« ausgeliehen haben), während die Deutschen in dem vertrauten Himmelskörper einen freundlichen Begleiter sehen, der eher beruhigt als verführt:

> »Füllest wieder Busch und Tal
> Still mit Nebelglanz,
> Lösest endlich auch einmal
> Meine Seele ganz.«

So heißt es in Goethes ›Lied an den Mond‹. Auch ist der deutsche Mond nicht **launisch:** Das Wort wurde – wie das französische *lunatique* – nicht umsonst von der lateinischen *luna* abgeleitet, um die wechselhaften Gemützustände namentlich des schönen Geschlechts zu bezeichnen. Nein, der deutsche Mond ist pünktlich und verläßlich wie die Bundesbahn und also nicht zufällig der älteste Zeitmesser. Denn der »Monat« ist natürlich der »Mond«, genauer gesagt der Zeitraum zwischen zwei Vollmonden, und an diesem naturgemäßen, unveränderlichen Rhythmus der Zeit hat auch Julius Caesar mit seinem Kalenderjahr nichts ändern können.

Mit der **Sonne** verhält es sich, was das Genus betrifft, umgekehrt: Sie wird von den Deutschen als weiblich, mütterlich, wärmespendend empfunden, während sie für die Lateiner männliche Herrlichkeit bedeutet, Pracht des Sonnengottes und Allmacht des Sonnenkönigs. Auch die »Liebe« ist in den romanischen Sprachen männlich. Der »Krieg« hingegen ist bei unseren südlichen Nachbarn weiblich, was aber nichts an seiner Grausamkeit ändert und also das Klischee widerlegt, nach dem alles Weibliche sanft und alles Männliche kämpferisch zu sein hat.

Beim **Tod** allerdings ist das Genus besonders wichtig, weil alle seine allegorischen und metaphorischen Darstellungen davon bestimmt sind, auch wenn sich diese im Lauf der Zeit immer wieder gewandelt haben. Der »Tod« ist in den romanischen Sprachen weiblichen Geschlechts und ist in den Darstellungen häufig die antike Schicksalsgöttin, die den Lebensfaden spinnt und schließlich durchschneidet. Für die Deutschen jedoch ist der Tod zunächst der unerbittliche Sensenmann, der niemanden verschont; er ist das mahnende Skelett, das uns die Eitelkeit alles Irdischen bewußt machen soll. Er ist aber auch, wie zum Beispiel für Jean Paul, »der zärtlichste aller Engel«, er ist »der müde Tod« (Fritz Lang), der uns besser versteht als wir selbst, oder der rätselhafte Partner einer Schachpartie (Ingmar Bergman).

Am deutlichsten verschmelzen vielleicht Härte und Sanftheit des Todes in Schuberts Lied ›Der Tod und das Mädchen‹, wo barocke Todesfurcht und romantische Todessehnsucht sich versöhnen, wo der Tod zum Geliebten wird:

»– Vorüber, ach, vorüber! geh, wilder Knochenmann! Ich bin noch jung, geh, Lieber, und rühre mich nicht an!

– Gib deine Hand, du schön und zart Gebild! bin Freund und komme nicht zu strafen. Sei gutes Muts! ich bin nicht wild, sollst sanft in meinen Armen schlafen!« (Matthias Claudius)

Lotte Eisner zitierte einmal den französischen Politiker Georges Clemenceau, der gesagt haben soll: »Was das deutsche Volk von den anderen unterscheidet, ist seine Vorliebe für den Tod, während andere Völker das Leben lieben.« Vielleicht ist das ein etwas rasches Urteil. Es stimmt wohl, daß der Tod in der deutschen Literatur allgegenwärtig ist, aber das spricht nicht unbedingt gegen das Leben. Rilke zum Beispiel spricht vom »Tod, den jeder in sich hat«, und nennt ihn »die Frucht des Lebens«. Das Wort »Tod« bezeichnete ja ursprünglich den Menschen überhaupt: Das indogermanische *dhou, aus dem das Wort »Tod« hergeleitet ist, bedeutete in der Tat: »der Sterbliche« (was gleichzeitig erklärt, warum »der Tod« im Deutschen männlichen Geschlechts ist). Der Mensch ist das dem Tode bestimmte Wesen und es gäbe kein Leben ohne den Tod.

Es ist also kein Zufall, daß in Homers ›Ilias‹ Achilles ausgerechnet von seiner Mutter in den Styx getaucht wird, damit er unverwundbar werde, und daß er dann an eben der Stelle, an der sie ihn festgehalten hat – der sprichwörtlichen »Achillesferse« – vom tödlichen Pfeil des Paris getroffen wird. Denn die Mutter gibt das Leben *und* den Tod. Oder: Sie gibt den Tod, indem sie das Leben gibt.

Im ›Nibelungenlied‹ wird eine ähnliche Geschichte erzählt: Siegfried badet im Blut des von ihm bezwungenen Drachen, dabei fällt ihm ein Lindenblatt zwischen die Schultern, und auch er wird an dieser verwundbar gebliebenen Stelle getötet werden. Freilich nicht im fairen Kampf wie Achilles, sondern durch List, Lüge und Verrat. Aber »die einzige verwundbare Stelle« als Symbol der Sterblichkeit des Menschen ist beiden Sagen gemeinsam.

Man kann sich die Frage stellen, warum es zu »Tod« und »tot sein« nicht auch ein Verb derselben Familie gibt, das etwa dem englischen *to die* entspräche. In der Tat gab es dieses Verb bis ins Mittelalter: germanisch **dau*, althochdeutsch *touwen*, später *töuwen*. Es ist aber dann verschwunden und wurde durch **sterben** ersetzt, ein Verb, das (vor Kälte oder Hunger) »starr werden« bedeutete (englisch *to starve*) und das mit »erstarren« verwandt ist. Vom verlorenen *touwen* blieb uns nur das Faktitiv »töten«, also »tot machen«, sowie »der Tote«, eine Substantivierung des Adjektivs **tot**.

Dazu eine kleine Frage: Wie kommt es, daß bei zusammengesetzten Formen das erste Element einmal »tod-«, ein andermal »tot-« geschrieben wird? Eine »sinnvolle« Erklärung hilft da wohl kaum weiter, eher schon eine Beobachtung: Verben, stellt man fest, geht »tot-« voraus, Adjektiven »tod-«. Man ist also »todmüde«, »todtraurig« oder »todernst«; aber ein heikles Thema wird »totgeschwiegen«, das Publikum hat sich »totgelacht«, und die wißbegierige Dame hat den Reiseführer »tot-gefragt«. Als Kind hatte ich große Schwierigkeiten mit der Rechtschreibung solcher Wörter, da unsere Lehrerin es uns nämlich anders erklärt hatte: »tod-«, sagte sie, sei »nicht wirk-lich tot«, aber »tot-« sei »mausetot«. Kein Wunder also, daß für mich ein Käfer sich »todstellte«, die Fliegenpilze »totkrank« machten, und daß ich nicht verstand, warum das falsch war. Aber dafür erschien mir »der Tod« schon damals als »nicht wirklich tot«.

TROST

Lange Zeit war es mir nicht in den Sinn gekommen, mich für das Wort »Trost« näher zu interessieren. Daß man in unserer Welt nicht mehr getröstet, sondern bestenfalls auf bessere Zei-ten vertröstet wurde, damit hatte ich mich mehr oder weniger abgefunden, und Trostpreise waren einerseits aus der Mode gekommen (oder gibt es sie noch?) und weckten andererseits bittere Erinnerungen an froschgrüne Plastikzopfspangen, pat-zende Mickymaus-Kulis oder klebrige Zuckergebilde von solch trostloser Geschmacklosigkeit, daß ich weder mit »Preis« noch mit »Trost« etwas anfangen konnte. Es ist schwer zu sagen, ob ich deshalb dem Wort »Trost« mißtraute und es mied, oder ob wir wirklich in einer so trost-losen Zeit leben, daß wir das Wort, wenn nicht abgeschafft, so doch nahezu vergessen haben. »Don't worry, be happy!« heißt die Parole heute, »no problem!«, »I'm the best!« (man hört, woher der Wind weht...), oder auch: »alles klar!«, »nur nicht schlapp machen!«, »selbst ist der Mann«..., und wenn's manchmal trotzdem zuviel wird, gibt's Prostworte oder rosa Pillen. Wozu also »Trost«?

Aufmerksam wurde ich auf das Wort erst wieder, als ich mei-nen französischen Studenten den Ausdruck »du bist wohl nicht ganz bei Trost« nicht nur übersetzen, sondern begreiflich machen wollte. Da fielen die Wörter plötzlich auseinander und gaben überhaupt keinen Sinn mehr. »Bei Trost«? So als würde man sagen »bei Verstand«? Wie aber wurde der Verstand zum Trost? Das war also die Frage.

Um es gleich vorwegzunehmen: Eine zufriedenstellende Antwort auf diese Frage habe ich nicht gefunden. Wohl aber erfuhr ich bei den Sprachhistorikern, daß **Trost** ein altes germanisches Wort ist. Das gotische *trausti* bedeutete »Bündnis«, auch »Vertrag«. Das altnordische *traust* hieß »Zuversicht« und hatte ein abgeleitetes Adjektiv, *traustr*, welches bedeutete: das, wozu man »Vertrauen« hat, was »zuverlässig« ist, und auch, was »stark« ist.

Alle diese guten Eigenschaften – so hoffen wir zumindest – vereinigen sich heute im *trust*. Dieser *trust*, als Bezeichnung für den Zusammenschluß von wirtschaftlichen Unternehmungen, entstand am Ende des 19. Jahrhunderts und ist eine Kurzform von »*trust company*«, was etwa mit »Vertrauensgemeinschaft« oder »Treuhandgesellschaft« zu übersetzen wäre. Da nämlich die einzelnen Unternehmen ihre rechtliche und wirtschaftliche Selbständigkeit aufgeben, wenn sie sich im monopolisierenden Trust verbinden, muß es wohl eine Vertrauensbasis geben, ... aber eine solche Verbindung kann auch ein Wagnis sein.

Denn das Verb **trauen** bedeutet heute in gewissen Wendungen »Mut haben«, »wagen«. »Er traut sich was« sagen wir bewundernd, und das heißt im Grunde nichts anderes, als daß er sich etwas »zutraut«, daß er genug Selbstvertrauen hat und also das Wagnis »getrost« eingehen kann. »Trauen« geht auf das mittelhochdeutsche Verb *truwen* zurück, welches zunächst »hoffen, erwarten, jemandem trauen oder vertrauen« bedeutete, aber auch schon »trauen« im heutigen Sinn von »jemandem ehelich verloben«: Es wurde in der Zeremonie der Trauung eine Person einer anderen »anvertraut«. »Trauen«, die »Trauung«, der »Trauschein«, der »Trauzeuge« gehören also allesamt zum »Vertrauen«, ebenso wie das »traute« Heim und ... die »Treue«! Ja, auch das Adjektiv **treu** gehört zur Familie des Vertrauens.

Die mittelhochdeutsche Form von »treu« war *getruwe,* was unserem heutigen »getreu« entspricht, welches in Wendungen wie »getreu unserem Vorsatz« oder »eine getreue Wiedergabe des Textes« weiterlebt. Der Sinn des Wortes »treu« hat sich im deutschen Sprachraum kaum verändert: »Treue« drückt Zuverlässigkeit und Beständigkeit aus, hat mit Dauer und Anhänglichkeit zu tun.

Nur in der Rechtssprache, wo »Gelder veruntreuen« soviel heißt wie »Gelder unterschlagen«, hat »treu« die Bedeutung von »ehrlich«, »rechtschaffen«, ähnlich wie das englische Adjektiv *true,* das nicht nur »treu« bedeutet, sondern auch »richtig, wahr, echt«. Die Franzosen sowie die Italiener haben sich übrigens unsere »Treue« ausgeliehen und daraus *la trêve* und *la tregua* gemacht: den »Waffenstillstand«!

Was aber ist aus dem alten Wort »Trost« geworden, dessen ursprüngliche Bedeutung, wie wir gesehen haben, völlig vom »Vertrauen« übernommen wurde?

Nun: Das Wort »Trost« wurde sozusagen umgetopft. Als nämlich um das Jahr 700 süddeutsche Missionare und Patres eine deutsche Entsprechung für das lateinische *consolatio* suchten, nahmen sie *trost* – in seinem damaligen Sinn von »Zuversicht, Vertrauen« – und machten daraus unseren heutigen »Trost« und das Verbum »trösten«. Der »Tröster«, als Helfer in der Not, bekam dabei die spezifische Bedeutung von »Heiliger Geist«. In dieser neuen, christlichen Bedeutung wanderte das Wort »Trost« dann allmählich nordwärts und eroberte schließlich mit der Reformation den gesamten Norden. Man konnte nun getrost auf Gott vertrauen und getröstet werden, wenn man sich trostlos fühlte. Wie sehr das Wort ein nahezu ausschließlich christliches geworden war, zeigt die Tatsache, daß man in der römisch-katholischen Kirche die Sterbesakramente »Tröstungen« nannte.

Doch haben die Wörter »Trost« und »trösten« wohl für jeden einzelnen eine ganz bestimmte Färbung, und je nach der Situation kann im »Trost« einmal das Vertrauen, ein andermal die Treue, oder aber die Zuversicht und also neuer Mut für das nächste Wagnis stärker durchscheinen.

DENKEN

Denken beschäftigt alle. Und, wie es scheint, pausenlos. Denn seit wir das Tun zunehmend den Maschinen überlassen, scheint die Aufgabe des Menschen fast ausschließlich darin zu bestehen, zu denken. Denken zu müssen: an alles, was zu tun ist, heute, morgen, übermorgen ..., so viel, daß uns vor lauter Vorausdenken kaum Zeit bleibt zum Nachdenken, geschweige denn zum bedächtigen Genießen der Gegenwart. Denn auch besagte Maschinen, die uns ja Zeit lassen sollten eben dafür, erfordern zu ihrer Bedienung ständiges und immer präziseres Denken, ja mittlerweile appelliert sogar der harmloseste Zeitvertreib an unsere Gehirnzellen. Es behaupte nämlich keiner, es sei pure Spielerei, die Fertigteile eines Bücherregals funktionsfähig zu machen! Schon die offenbar für Analphabeten konzipierte Montageanleitung zu entziffern ist harte Denkarbeit, und »Do-it-yourself« entpuppt sich als glatter Betrug. Denn bevor man überhaupt anfangen kann, etwas zu »tun«, muß man verstanden haben, »was«, »wo« und »wie«. Da hast du dein Regal, höhnt die Anleitung, zusammendenken mußt du es dir selber!

Kein Wunder, daß in klugen Köpfen und speziellen Denklabors fieberhaft danach gesucht wird, wie man auch das Denken den Maschinen überlassen könnte. Forscher bauen Elektronengehirne, die dank künstlicher Intelligenz nicht nur rechnen, erinnern, Zusammenhänge erkennen, übersetzen können, sondern die mittlerweile auch schon fähig sind, schöpferisch zu denken, sagt man, zu reagieren, zu korrigieren und zu hinterfragen. So winkt uns also in absehbarer Zeit nicht nur das Nichtstun, sondern auch das Nicht-mehr-denken-Müssen. Also das Paradies!

Doch schon während des befreiten Aufatmens melden sich Zweifel an diesem schönen Gedanken. Moment mal ... Sagte nicht der französische Philosoph Descartes: »Ich denke, also bin ich«? Wären wir womöglich durch diese Erlösung vom Denken in unserer Existenz bedroht? Ist der Mensch nicht *per definitionem* das Wesen, das denkt? Es ist nicht auszudenken, was passieren würde, wenn vom schöpferischen menschlichen »Denken« nur mehr der traurigste seiner Verwandten übrigbliebe: der **Verdacht.** Das heißt die Angst, diese denkenden Maschinen könnten uns wahrhaftig eines Tages zu den Handlangern ihrer Intelligenz machen, könnten uns beherrschen und, wenn es ihnen paßt, sogar zerstören. Schon der Gedanke daran gibt so sehr zu denken, daß uns der Kopf weh tut.

Wieso eigentlich der Kopf? Ist es wirklich nur der Kopf, der denkt? Freilich sagen wir, daß wir uns den Kopf zerbrechen über dieses oder jenes Problem, bis uns der Kopf schwirrt oder raucht, und manchmal verlieren wir ihn sogar, diesen Kopf, und rennen dann ziel- und kopflos durch die Gegend. Aber das meinen wir nicht wirklich so, denn jede dieser Metaphern ist so erschreckend, daß wir gar nicht wagen, sie zu Ende zu denken.

Gut, dann ist es vielleicht an der Zeit, dem armen Kopf eine kleine Pause zu gönnen. Wir lassen jetzt einmal das Denken sein, setzen uns ruhig hin und sehen, ob nicht die Dichter, die wir ja von den Denkern getrennt haben, uns weiterhelfen können.

>»Ein Tännlein grünet wo,
Wer weiß, im Walde,
Ein Rosenstrauch, wer sagt,
In welchem Garten?
Sie sind erlesen schon
Denk es, o Seele!
Auf deinem Grab zu wurzeln
Und zu wachsen.«

Denk es, o Seele? Das stimmt nachdenklich. Etwas wie Andacht ist in diesen Versen, und wir möchten gern wissen, was Mörike sich hier wohl gedacht hat, als er die Seele denken ließ. Er selbst kann es uns nicht mehr sagen, aber die Sprache. Bei ihr nämlich erfahren wir dieses Schöne: daß nicht nur die Andacht mit Denken, Gedanken und Gedenken zu tun hat, sondern auch ... der Dank. Die Geschichte der Sprache erzählt uns, daß **danken** und **denken** dasselbe sind. **Dank,** sagen uns die Etymologen, ist »das in denkender Gesinnung sich äußernde Gefühl«. Vielleicht wußten wir das wohl, wir haben nur nie daran gedacht. Aber jetzt, wo es uns gesagt wird, ist der Zusammenhang plötzlich unübersehbar: **Andacht** heißt »an etwas denken«, aber nicht mit dem Kopf, sondern mit dem Herzen – oder mit der Seele, wie Mörike meint. Auch das **Andenken** ist ja nicht nur das Mitbringsel, das wir in einem Souvenirladen gekauft haben, sondern Zeichen des An-jemanden-Denkens. Alle »Denkmäler« und »Gedenktafeln« haben nicht mit logischem oder vernünftigem Denken zu tun, sondern mit »Dankbarkeit«. Und die ist, meint die Sprache, das Gedächtnis des Herzens.

»Undank ist der Welt Lohn«, sagt ein Sprichwort. Und die Sprache fügt hinzu: »Undank« ist »Gedankenlosigkeit«, nicht mehr, aber auch nicht weniger. Denken ist für die Sprache – die deutsche jedenfalls, und es ist bezeichnend, daß Ausländer dies deutlicher sehen als wir selbst – eine Form der Empfindung. Machen wir nicht in der Tat einen Unterschied zwischen »schulden« und »verdanken«? Was man jemandem verdankt, einen Erfolg, eine große Freude, einen guten Rat, braucht man nicht zurückzuzahlen. Das wäre gar nicht möglich und wird auch nicht erwartet. Man ist dankbar, indem man daran denkt.

Wir können also beruhigt sein: *Dieses* Denken, das ein Gefühl ist, wird keine Maschine je können.

AUSWENDIG

In unserem Jahrhundert des nicht aufzuhaltenden Fortschritts ist das Auswendiglernen aus der Mode gekommen. Heute »lernt« man nicht, schon gar nicht auswendig, man »versteht«. Die reine Gedächtnisleistung wird als Kunst der Dummköpfe abgestempelt, was zur Folge hat, daß kaum noch jemand den ›Erlkönig‹, die ›Lorelei‹ oder den ›Zauberlehrling‹ bis zum Ende durchsteht. Wozu auch?

Keiner würde mehr die Geduld haben zuzuhören, und daß man gebildet ist, kann man auch anders beweisen. Man läßt wie von ungefähr ein loses Bruchstück fallen – »Ich weiß nicht, was soll es bedeuten ...?«; »... die ich rief, die Geister ...«; »Wer reitet so spät ...?« –, blickt dem andern vielsagend in die Augen, worauf dieser ebenso vielsagend schweigt, und jeder weiß Bescheid: Man kommt aus demselben – und dem richtigen – Stall. Darauf kommt's ja an. Das Zitat als Markenzeichen, als Lacoste-Krokodil, als Losungswort. Warum nicht?

Interessant ist nur, daß das Wörtchen »auswendig« deshalb nicht aus unserem Wortschatz verschwunden ist. Zwar kann – und will! – niemand mehr Schillers ›Glocke‹ auswendig hersagen, dafür aber kennt er seine Sekretärin oder seine Schwiegermutter »in- und auswendig«. Ach so?

Nun, wenn man das Wort **auswendig** beim Wort nimmt, scheint »auswendig kennen« in der Tat nichts mit »verstehen« zu tun zu haben. Man schmückt sich sozusagen mit fremden Federn, versucht, mit angelerntem Zeug zu glänzen, und nichts sagt uns, daß man die Sache auch von innen kennt. Und doch stimmt da etwas nicht: Ein Pianist muß seine Partitur auswendig kennen, um wirklich Musik zu machen, ein Schauspieler kann nur »spielen«, wenn er den Text völlig verinnerlicht hat, Verse schwingen nur, wenn sie frei vorgetragen werden, wenn der Blick des Vortragenden frei ist für die farbigen Bilder, die aus dem Innern der Worte aufsteigen.

»Auswendig« muß also doch etwas mit »inwendig« zu tun haben. Und wenn wir sehen, daß zum Beispiel die französische Sprache unser »auswendig« mit *par cœur* – wörtlich: »mit dem Herzen« oder »über das Herz« – ausdrückt, wollen wir wirklich wissen, wie wir zu unserem »auswendig« gekommen sind, das in der Alltagssprache oft einen negativen Unterton hat, wenn wir zum Beispiel von gewissen Personen sprechen, von einem täglich zurückgelegten Arbeitsweg oder einem sturen Pauker. Etwas wie »bis zum Gehtnichtmehr« klingt mit, ein Überdruß, die Trockenheit von leergedroschenem Stroh. Warum wohl?

Die Wörter »auswendig«, »inwendig« und »notwendig«, aber auch die »Wende«, der »Wandel«, die »Wand«, das »Gewand« und viele andere gehören alle zur selben Familie. Beginnen wir mit dem Stammverb: **winden** (wandte – gewandt). Es entstand aus der indogermanischen Wurzel **uend* und bedeutete »drehen«, »winden«, und auch »flechten«. So war die **Wand** ursprünglich etwas Geflochtenes, nämlich lehmverputztes Stroh- oder Weidegeflecht. Das **Gewand** war in Falten gelegtes, um den Körper gewundenes Tuch, und das **Gewandhaus** war demnach die Tuchhalle, das Zunfthaus der Tuchmacher. Als man 1781 das Leipziger Gewandhaus zum Konzerthaus umfunktionierte, behielt man den Namen bei, unter dem die »Gewandhaus-Konzerte« wie auch das Orchester weltbekannt wurden. Was schließlich unser beliebtes **windschief** betrifft, so hat es nicht mit »Wind« zu tun, sondern bedeutet schlicht: »gewunden, gedreht, nicht gerade«.

Das Faktitiv von »winden« ist **wenden.** Das Verb bedeutet also »winden machen«, veranlassen, daß sich etwas windet oder dreht (»faktitiv« kommt vom lateinischen *facere*: »machen«, und wir begegnen solchen Faktitivbildungen auf Schritt und Tritt: sitzen > setzen, stehen > stellen, liegen > legen, trinken > tränken, fallen > fällen, springen > sprengen ...).

Unbestrittener Star der Familie »wenden« ist seit einiger Zeit die **Wende.** Es handelt sich dabei um eine mehr oder weniger geschickt gesteuerte Drehbewegung um einen Wendepunkt, wobei darauf zu achten ist, daß man sich bei gar zu wendehalsigen Drehungen nicht einen Hexenschuß holt. Das soll vorgekommen sein. Doch läßt sich »wenden« in nahezu allen Lebenslagen verwenden: Man kann eine Seite »wenden« oder einen abgetragenen Mantel, kann ein Unglück »abwenden«, eine Regel »anwenden«, einen Silberlöffel »entwenden« oder hoffen, daß sich alles zum Guten wendet. Möglich ist alles.

Die Umstandswörter **auswendig** und **inwendig** bezeichnen in gewissen Mundarten jeweils »außerhalb« und »innerhalb«, zum Beispiel wenn wir von einem Mantel sprechen, der »inwendig« noch ganz passabel ist, »auswendig« aber schon reichlich abgenützt und den wir also »wenden«, um ihn wieder halbwegs verkehrsfähig zu machen. Und wie der Mantel hat auch das Buch ein Außen und ein Innen: »Etwas auswendig können« hieß ursprünglich: »etwas wiederholen können, ohne in das Buch zu schauen«, also etwas verinnerlicht haben, so daß das Buch geschlossen bleiben kann, daß man nicht mehr zu sehen braucht, was im Buch geschrieben steht. So daß es sich beim »auswendig« genau genommen nur um eine Verlagerung des »inwendig« handelt: Was »im Buch« war, ist jetzt »im Kopf« – oder, um nochmals die Franzosen zu zitieren, »im Herzen«.

Daß allerdings das Adjektiv **notwendig** zunächst dazu bestimmt war, »die Not zu wenden«, das heißt, die Not abzuwenden, wird uns heute kaum noch bewußt. Denn aus einer heilsamen, befreienden Wende zum Besseren wurde das Unerläßliche, etwas, das man sich zu tun genötigt fühlt, wohl oder übel. Womit wir beim sprichwörtlichen »notwendigen Übel« angelangt wären. Was ist, bitte, ein »notwendiges Übel«? Ein Übel, das man nicht verhindern kann? Oder ein Übel, das die Not abwendet? Also von zwei Übeln das kleinere? Wäre also zum Beispiel ein datengespeicherter Terminkalender so ein notwendiges Übel, weil wir nichts mehr auswendig, also »mit dem Herzen« wissen, auch nicht den Geburtstag unserer Frau?

Doch zurück zum Thema: Der **Wandel** und mit ihm der »Lebenswandel« und die »Verwandlung«, aber auch die **Wendeltreppe** gehören zum Verb **wandeln.** Dies ist, wie die Sprachwissenschaftler sagen, eine Iterativbildung zu »wenden« und bedeutet demnach »wiederholt wenden« (»iterativ« kommt vom lateinischen *iterare:* wiederholen). Alles ist also »wandelbar«, unterliegt einem steten »Wandel«, und so wie man früher den launischen April den »Wandelmond« nannte, so bieten heute die Banken »Wandelschuldverschreibungen« an. Ob diese besonders wendig oder besonders windig sind, mag dahingestellt bleiben ...

Auch **wandern** ist übrigens so eine Wiederholform von »wenden«. Denn das althochdeutsche *wenten* bedeutete auch »gehen«, was das englische *went (to go – went – gone)* noch heute belegt. Wandern also hieß »hin und her gehen«, oder auch »irgendwohin gehen«, ohne besonderes Ziel, nur aus Freude an der Bewegung. Doch wenn früher Wanderburschen mit Wanderstab und Rucksack auf Wanderschaft gingen, wenn Wandertruppen mit ihren Planwagen durchs Dorf zogen oder ein Wanderzirkus über Nacht seine Zelte vor der Stadt aufgeschlagen hatte, so geht es heute – für die Deutschen zumindest, wie Ausländer gern betonen – wesentlich organisierter zu: Wandervereine, Wanderkarten, Wanderausweise und Wanderziele sorgen dafür, daß man nicht »irgendwohin« geht, sondern sich gezielt um seine Fitness kümmert oder seine Ausdauer unter Beweis stellt, weshalb man ja auch die »Wanderwege« zu Trimm-dich-Pfaden und das »Wandern« zum Trekking umgetauft hat. Statt dessen »wandern« jetzt Pokale, Büchereien, Ausstellungen, Bühnen oder Preise. Und gottlob noch immer unsere Schwalben!

ZWEIFEL

Ach, wir kennen sie, die ewigen Zweifler, die jede Mitteilung anzweifeln, über alles im Zweifel sind und in ihrer Zweifelsucht ihre Mitmenschen und sich selbst schier zur Verzweiflung bringen! In unserer Zeit der wissenschaftlichen Exaktheit, der Entscheidungskraft, der Möglichkeit, alles zu messen, zu überprüfen, zu beweisen und außer Zweifel zu stellen, ist der Zweifel eine höchst verdächtige Sache geworden. Es zweifelt der Unentschlossene, der Verzagte, der Angsthase, und Zweifelsfanatiker sind eine zeitraubende und nervensägende Kalamität.

Woher kommt eigentlich dieses so negativ besetzte Wort, fragt man sich und sieht es sich näher an. **Zweifel** hat in der Tat mit »zwei« zu tun – wie auch der »Zwieback«, der »Zwilling«, die »Zwietracht« oder die »Zwiebel« –, und zwar ist dieses Wort vom indogermanischen *dui-pel hergeleitet, dessen erstes Glied »zwei« bedeutete, das zweite »falten«. So ist also die Urbedeutung des »Zweifels«: »doppelt gefaltet«. Das wird allerdings erst interessant, wenn wir das Ganze durch zwei dividieren, denn dann erhalten wir schlicht die **Einfalt**. Ein Zweifler ist also nicht einfältig. Das hört sich schon wesentlich besser an. Der Zweifler wäre demnach ein Mensch, der weiß, daß »jedes Ding zwei Seiten« hat, daß es ein »außen« und ein »innen« gibt, und er meldet Zweifel an, sobald etwas den ihm verdächtigen Anspruch erhebt, »einfach« zu sein.

Freilich macht uns auch das Wort »Zweifel« nicht darauf aufmerksam, daß die sprichwörtlichen »zwei« Seiten der Dinge in Wirklichkeit vielseitig sind, aber wir haben eben nur dieses Wort, und es wird schon einen Grund haben, wenn wir die Fähigkeit, bis drei zählen zu können, meist als Unfähigkeit formulieren. (Er sieht aus, als könne er nicht bis drei zählen.) Es ist eben schwer, sich aus der von der Sprache diktierten Polarisierung herauszuarbeiten, doch könnte der Zweifel schon ein erster Schritt sein, wenigstens der Einfalt zu entkommen.

Denn zweifeln heißt ja zunächst, die Dinge hinterfragen. »Was steckt dahinter?« fragte sich Newton, als er einen Apfel ins Gras fallen sah. »Sehe ich richtig?« fragte sich Galilei, als er im Dom zu Pisa die Schwingungen des Kronleuchters beobachtete. »Die alte Zeit ist herum und es ist eine neue Zeit«, sagt Brechts Galilei zum Sohn seiner Haushälterin, »bald wird die Menschheit Bescheid wissen über ihre Wohnstätte, den Himmelskörper, auf dem sie haust. Was in den alten Büchern steht, das genügt ihr nicht mehr. Denn wo der Glaube tausend Jahre gesessen hat, eben da sitzt jetzt der Zweifel. Alle Welt sagt: ja, das steht in den Büchern, aber laßt uns selbst sehen. Den gefeiertsten Wahrheiten wird auf die Schulter geklopft; was nie bezweifelt wurde, das wird jetzt bezweifelt.«

Galilei wagte in der Tat, eine zweitausendjährige Gewißheit anzuzweifeln, auf der die Kirche ihre gesamte pyramidale Weltordnung aufgebaut hatte, mit Gott im Himmel an der Spitze und dem Papst in Rom gleich darunter. Wir wissen, daß diese neue Wahrheit große Mühe hatte, sich durchzusetzen.

Doch auch weniger umstürzende Beobachtungen bedurften des Blicks eines Zweiflers: Dem selbstsicheren Anspruch seiner Kollegen, die Realität exakt messen zu können, stellte der erst sechsundzwanzigjährige Physiker Werner Heisenberg seine »Unbestimmtheitsrelation« gegenüber. Jede Messung, argumentierte Heisenberg, führe zu einer Störung des gemessenen Objekts. Mit anderen Worten – und dies gilt ganz allgemein –: Schon der Vorgang des Beobachtens beeinflusse das beobachtete Objekt, und daher ließen sich Naturgesetze auch nicht objektiv beschreiben, sondern lediglich in statistisch berechenbare Wahrscheinlichkeiten verwandeln.

So hätte der Zweifel – außer, daß er nicht einfältig ist – auch diesen anderen Vorzug: uns von der beklemmenden »Gewißheit« zu befreien, daß »die« Wahrheit und »die« Wirklichkeit existieren, sozusagen als Modell eines Absoluten, an dem wir täglich unsere eigene Unzulänglichkeit ermessen. Die Wahrheit ist nie auf der Seite des Wahrscheinlichen, sagt der

Zweifler und schaut hinter den Schein. Wo wäre unser ganzer Fortschritt, auf den wir so stolz sind, wenn es nicht immer wieder Menschen gegeben hätte und gäbe, die mit alten Gewißheiten aufgeräumt hätten?

»Nicht der Zweifel tötet«, sagte Nietzsche, »sondern die Gewißheit.« Das gilt auch für die Sprache, die längst nicht so einfältig ist, wie die sture Gewißheit der Gemeinplätze und der Besserwisser es möchte. Die Kehrseite einer solchen Gewißheit nämlich ist nicht der Zweifel, sondern die **Verzweiflung:** Wo alles stimmte, stimmt plötzlich nichts mehr. Wer verzweifelt, dem ist die lebendige Wachsamkeit abhanden gekommen, dieses Gegenstück zur Einfalt: der Zweifel.

Baukasten Sprache

Eine Sprache ist natürlich nicht irgendeine willkürliche Ansammlung von Wörtern, sondern ein überaus komplexes System von Kombinationen, ein regelrechter Baukasten, mit Bauklötzchen verschiedener Form und Größe, mit Schrauben, Dübeln, Nägeln und Regeln. Nur so wird Sprache zum Kommunikationsmittel, nur so ist es möglich, mit den durchschnittlich sechsundzwanzig Buchstaben des lateinischen Alphabets auszukommen, um das gesamte Gedankengut unserer Kulturen möglichst differenziert zu erfassen und zu vermitteln. Der Flexibilität der Sprachen wie dem Einfallsreichtum der Menschen scheinen dabei keine Grenzen gesetzt (wofür dieses Kapitel einige Beispiele liefern wird), auch wenn jede Sprache auf ihrer Suche nach Ausdrucksvielfalt ein wenig anders verfährt. So unterscheidet zum Beispiel das Französische viele homophone, das heißt gleichlautende Wörter in deren graphischer Übertragung. Der Laut [so] kann zugleich *seau*, *sceau* und *sot*, also »Eimer«, »Siegel« und »Dummkopf« bedeuten, [mer] zugleich *mer*, *mère* und *maire*, also »Meer«, »Mutter« und »Bürgermeister«, ganz zu schweigen von allem, was nicht ausgesprochen wird, wie das Plural-s oder die meisten Endungen der konjugierten Verben.

Die deutsche Sprache, in der der Spielraum zwischen Laut und Zeichen viel geringer ist, schafft sich ihren Wortschatz auf andere Art: Sie klebt und kleistert an den Bauelementen herum, daß es eine Freude ist, und erlaubt so, aus etwa 2500 Stammsilben über 100 000 sinnvolle, also kommunikationsfähige Varianten zu bilden, diese dann nochmals zu kombinieren, zu beugen und abzuwandeln. Besonders berühmt ist die deutsche Vorliebe für nicht endenwollende Buchstabenkolonnen – sprich: zusammengesetzte Wörter –, wobei eines der Grundgesetze der deutschen Sprache bestimmt, daß das ausschlaggebende Element so spät wie möglich in Erscheinung zu treten hat.

Wirklich schlimm aber wird es erst, meinen Nicht-Deutsche, wenn nun diese Sprache sich anschickt, aus Wörtern Sätze zu bilden. Sicher: Es muß gewisse Regeln geben, damit das, was jeder sich da im vollen Gefühl seiner Redefreiheit zusammenbastelt, auch eine Chance hat, verstanden zu werden, und jede Sprache hat ihre »Grammatik«. Für den deutschen Satz gilt aber das Gebot, die entscheidende Aussage für den Schluß aufzuheben, sie – gegebenenfalls durch immer neue Trugschlüsse – hinauszuzögern, so daß der Eindruck entsteht, man müsse in dieser Sprache nicht nur sein tägliches Brot, sondern auch das erlösende Schlußwort eines Satzes »verdient« haben.

Womit wir wieder bei der Frage wären, ob und in welchem Maße wir von unserer jeweiligen Sprache geprägt sind, und das heißt hier: ob die ganz besondere Struktur des deutschen Satzes sich nicht in irgendeiner Form auf die Denkstrukturen der Menschen auswirkt, die in dieser Sprache aufgewachsen sind. Ich kann dazu nur sagen, was ich in meiner Arbeit mit Deutschlernenden oft beobachtet habe: Jedesmal, wenn sie sich auf das Abenteuer einlassen, im Gespräch einen halbwegs erwachsenen Satz zu bauen, kommt irgendwann der Augenblick, wo sie mich fragend anschauen – »in *die* Bundesrepublik ...?« »in *der* Bundesrepublik ...?« –, und wo ich ihnen nicht weiterhelfen kann, weil ich nicht weiß, ob sie den Satz beispielsweise mit »verbringen« oder »fahren« beenden wollen. Ist das Verb – mit dem also die ganze vorhergehende Struktur steht oder fällt – dann endlich heraus, folgt zunächst erschöpfte Stille oder ein Aufatmen, das etwa besagt: »Na, das hätten wir wieder einmal geschafft!«

Nach und nach wurde mir klar, wie streng durchkonstruiert so ein deutscher Satz ist, wie konzentriert man von Anfang an auf das »Schlußwort« zusteuern muß, diesen »Schlußstein« des Satzgewölbes, der den ganzen Satz zu einem so endgültigen, unerschütterlichen Ganzen zu machen scheint, daß man sich fragt, wozu die Deutschen noch einen Punkt brauchen. Wer sich auf einen deutschen Satz einlasse, meinen Außenstehende, müsse von Anfang an das Ganze vor Augen haben, müsse den Satz durchziehen bis zum letzten Wort, unbeirrt und ohne Rücksicht auf Verluste. Irgendwo auf halbem Wege abzubiegen und eine andere Richtung einzuschlagen sei nicht möglich, ebensowenig wie das Hinzufügen etwa eines Frageworts. Fragen hätten mit dem Verb oder einem Interrogativpronomen zu beginnen, nichts könne unterwegs zur Frage werden. Sollte eine solche Denkschule in deutschen Köpfen und Verhaltensweisen nicht doch gewisse Spuren hinterlassen?

Ich habe mir tatsächlich von einem französischen Kollegen sagen lassen (müssen), daß sich die Manie des deutschen Satzes, die wichtigste Information so lange wie möglich hinauszuschieben, auf den ganzen »Das-Beste-zum-Schluß-Charakter« der Deutschen auswirke. Wie das?! Nun, meinte er, er habe beobachtet, daß Deutsche, denen man zu Weihnachten eine Schachtel Konfekt schenkte, ein geradezu masochistisches Auswahlverfahren hätten. Sie wählten nämlich immer das weniger gute Stück, um sich das beste für den Schluß aufzuheben. Er jedoch, nicht unbedingt genußsüchtig, aber doch eben Franzose, nehme immer das beste, und so jeden Tag von dem, was noch übrig ist, das beste, und so sei auch das letzte Stück das beste ...

Das stimmt sicher nachdenklich. Hat aber diese Sprache nur Denker hervorgebracht? Nicht auch Dichter? Schafft nicht gerade die besondere Architektur des deutschen Satzes einen Raum, in dem alles möglich ist? Präzision *und* Phantasie? Streitschrift *und* Wiegenlied?

Daß der deutsche **Satzbau** eine Wissenschaft für sich ist, wissen die wenigsten Deutschen, weil sie das Glück hatten, ihn nicht »lernen« zu müssen. Die Muttersprache ist ja die erste Begegnung mit Sprache überhaupt, und alle ihre Regeln scheinen uns selbstverständlich und »normal«. Die Tatsache, daß es solche Regeln gibt, wird uns erst allmählich bewußt. Entweder wenn wir mit einer anderen Sprache konfrontiert werden, oder aber wenn wir plötzlich nicht mehr wissen, wo denn nun die Kommas hin sollen, oder wenn wir ein Amtsblatt zum drittenmal gelesen und noch immer nicht verstanden haben. Dabei befolgen die Satzlabyrinthe solcher Amtsblätter durchaus die Regeln, sind also grammatikalisch korrekt. Es scheint also nicht zu genügen, daß man die Regeln des deutschen Satzbaus kennt, man muß diese Regeln offenbar auch geschickt zu umgehen wissen, wenn man einigermaßen auf Anhieb verstanden werden will. An diesem Punkt des Bewußtwerdens angelangt gibt es nur ein Mittel, um zu verhindern, daß der heilsame Zweifel in sprachlose oder wütende Verzweiflung ausartet: sich »diese Regeln« einmal vorzuknöpfen und mit ihnen ein ernstes Wort zu reden.

Im bejahenden **Hauptsatz,** heißt es, steht das Verb an zweiter Stelle.

»Die Kinder spielen im Garten.«

»Im Garten spielen Kinder.«

Doch sind diese beiden Aussagen nicht gleichbedeutend, denn der erste Satz antwortet auf die Frage »Wo spielen die Kinder?« (im Garten); der zweite auf die Frage »Wer spielt im Garten?« (Kinder). Damit haben wir eine zweite Regel: Die Information, auf die es ankommt, wird am Schluß gegeben. Wer rettet also wen, wenn es heißt: »Diese Werte retten die Künstler.« Richtig, die Künstler retten.

Daß im deutschen Satz das Wesentliche auf sich warten läßt,

wird noch deutlicher, wenn das Verb selbst eine Partikel hat, die vom Verb getrennt und ans Ende des Satzes verwiesen wird. Es entsteht eine gewisse Spannung, zumindest hält man den Atem an: »Schließlich machte er das Fenster trotz heftiger Proteste aller Busfahrer dann doch ... [was? auf oder zu? oder gar kaputt?] ... auf.«

Noch spannender wird es, sobald ein Hilfszeitwort an der obligaten zweiten Stelle »Platzhalter« spielt. Dann kann sich nämlich der Satz erst richtig zum Kriminalroman entwickeln und den Zuhörer beliebig lang auf das Wesentliche warten lassen, nämlich das Verb: »Er wird diesen Brief – wenn überhaupt – sicher erst morgen oder übermorgen, vielleicht sogar erst in einer Woche ... [öffnen? beantworten? erhalten? absenden?] ... schreiben.«

Diese **Umklammerung** ist eine herrliche, aber auch völlig verwirrende Eigenart der deutschen Sprache (Umarmung oder Beißzange?), und man kann verstehen, daß Simultanübersetzer sich manchmal die Haare raufen: Sie müssen auf das Ende des Satzes warten, um überhaupt zu wissen, was los ist, müssen den Satz dann im Krebsgang erinnern und übersetzen, während der Redner schon das nächste Netz ausgeworfen hat. Kein Wunder, daß man Berufsdolmetschern, die ja nicht nur Wörter, sondern ganze Denkstrukturen von einer Sprache in die andere übertragen, nach maximal dreißig Minuten eine Verschnaufpause gönnt.

Dabei waren dies erst die Regeln des Hauptsatzes. Der **Nebensatz**, heißt es weiter, hat das Verb immer am Ende, ohne Ausnahme. Wenn also ein Relativsatz in einen Hauptsatz einbricht, sieht das so aus:

»Er wollte an diesem Abend den Freunden, mit denen er schon die Schulbank gedrückt hatte und die er regelmäßig traf, seine Frau vorstellen.«

Dies wäre das Anfangsstadium dessen, was man einen **Schachtelsatz** nennt. Tucholsky warnt davor in seinen ›Ratschlägen für einen schlechten Redner‹:

»Sprich mit langen, langen Sätzen – solchen, bei denen du, der du dich zu Hause, wo du ja die Ruhe, deren du so sehr benötigst, deiner Kinder ungeachtet, hast, vorbereitest, genau weißt, wie das Ende ist, die Nebensätze schön ineinander geschachtelt, so daß der Hörer, ungeduldig auf seinem Sitz hin und her träumend, sich in einem Kolleg wähnend, in dem er früher so gern geschlummert hat, auf das Ende solcher Periode wartet ..., nun, ich habe dir eben ein Beispiel gegeben. So mußt du sprechen.«

Das ist spöttische Übertreibung, wird man sagen, und es hat sich herumgesprochen, daß man heute nicht mehr so spricht oder schreibt. Niemand, auch kein Journalist, würde wohl dem heutigen Leser noch folgendes zumuten:

»Wenn dazu noch die hohen Pflichtimporte, die Frankreich von algerischen Weinen, die gewiß nicht bloß der Essigfabrikation, sondern wohl eher der ›Verbesserung‹ französischer Weine dienen, zu übernehmen hat, in die Rechnung einbezogen werden, beginnen Zweifel zu nagen.«

Im Namen der knappen, kurz gefaßten, aufs Wesentliche zusammengebündelten Information macht man es heute so:
»Wenn zudem noch die von Frankreich zu übernehmenden hohen Pflichtimporte von gewiß nicht bloß der Essigfabrikation sondern wohl eher der ›Verbesserung‹ französischer Weine dienenden algerischen Weinen in die Rechnung einbezogen werden, beginnen Zweifel zu nagen.«

Allerdings. Denn grammatikalisch korrekt sind beide Aussagen. Aber verständlich? Oder gar schön? Immerhin sind wir die Relativsätze los, wird man sagen, und diese vielen Kommas. Das ist wohl richtig. Aber es genügt offenbar auch nicht, Tucholskys ›Ratschläge für einen *guten* Redner‹ zu befolgen, welche mit dem Stoßgebet beginnen: »Hauptsätze. Hauptsätze. Hauptsätze!«

Nun: die Frage ist vielleicht nicht so sehr, wie kurz oder wie lang ein Satz ist, sondern wie er atmet, wie er den Gedankengang begleitet und mit-teilt. »Tatsachen, oder Appell an das Gefühl«, sagt Tucholsky, »Schleuder oder Harfe«. Es gibt kein Ein-für-allemal-Modell. Es gibt nur die Geste, die aus Wörtern Sprache macht. Diese Geste kann eine Geste des Gebens sein: freundlich, einladend, ermutigend. Aber sie kann auch abweisend sein, Distanz schaffen, und dies aus verschiedensten Gründen. Will der eine, der sein Wissen so verschachtelt darbietet, es wirklich teilen, oder will er nur zeigen, was er alles weiß? Trägt der andere, der sich in betörende Satzgirlanden hüllt, etwa nur des Kaisers neue Kleider? Ist »der Dumme« unbedingt der, der nicht versteht? Es ist Klarheit schon kompliziert genug, denn immer hat ja doch die Sprache das letzte Wort. Auch bei der sachlichsten und wohlwollendsten Mitteilung macht sie sich selbständig und spielt uns auf dem Weg vom Absender zum Empfänger die verfänglichsten Streiche. Woher kämen sonst die berühmten Taubstummendialoge, wo einer am andern vorbeiredet, obwohl doch jeder aufrichtig, klar und einfach dem andern seine Meinung sagt?

Die Sprache hat ihre Regeln. Diese Regeln gleichzeitig zu befolgen *und* umgänglich zu machen, ist das schöne Abenteuer, zu dem Sprache uns einlädt.

BUCHSTABENPROZESSIONEN

Donaudampfschiffahrtskapitän – switwenrentenerhöhung ... Man könnte wohl unendlich so weitermachen mit diesem angeblich längsten Wort der deutschen Sprache. Und theoretisch ist das wohl auch so. Warum? Weil in der deutschen Sprache – nicht nur im Satz, sondern auch in Nominalgruppen – die Information, auf die es letztendlich ankommt, eben immer am Schluß steht, also immer angehängt werden kann. **Buchstabenprozessionen** nannte Marc Twain diese »Umzüge sämtlicher Buchstaben des Alphabets« und zitierte kopfschüttelnd eben diesen berühmten Kapitän. Und sollte es ihn – beziehungsweise seine Berufsbezeichnung – wirklich gegeben haben, so erkennen wir darin nachsichtig lächelnd die uralte Marotte jedes Fachjargons, nämlich uns mit seiner Exaktheit zu imponieren. Freilich: der »K. u. k.-Vizefensterputzlappenreinigungsgehilfe« ist sicher eine erfundene Karikatur und spottet vor allem über die (nicht nur) österreichische Titelsucht, doch das »Aufenthaltserlaubnisverlängerungsantragsformular« soll es wirklich geben, und es wird ausgerechnet Nicht-Deutschen in die Hand gedrückt. Freundlich zwar, aber was hilft alle Freundlichkeit, bei so einem Wort? Wir selbst erschrecken doch auch, wenn uns eine »Körperschaftssteuerverordnung« oder eine »Kraftfahrzeughaftpflichtversicherungsnachzahlung« ins Haus flattert. So ein Ungetüm hat sicher mit Geld zu tun, argwöhnen wir, und wir zahlen gern, wenn wir nur das Wort loswerden.

Man soll jedoch nicht glauben, daß die Dichter, darunter die namhaftesten, der Verlockung widerstanden hätten, solche Wortgebilde aus der Feder zu zaubern. In der ersten Fassung seines ›Prometheus‹ wagte Goethe immerhin »Knabenmorgenblütenträume«. »Wähntest du etwa«, ruft Prometheus dem Zeus zu, »ich sollte das Leben hassen, in Wüsten fliehn, weil nicht alle Knabenmorgenblütenträume reiften?« Goethe hat es sich aber dann doch überlegt und sich mit schlichten »Blütenträumen« begnügt. Schade. Das Wort allein war schon ein Traum.

Diese Möglichkeit, Wörter zusammenzusetzen und immer wieder schöpferisch zu kombinieren, ist eine wunderbare Sache. Nur hat sie leider auch ihre Tücken. Und nicht nur für Ausländer, die erst einmal integrieren müssen, daß die Deutschen alles »verkehrt« sagen und daß zusammengesetzte Wörter – ganz wie die Sätze – immer von rechts nach links, also vom Ende her, verstanden werden wollen. Das kann anfangs etwas schwindlig machen, aber man kann es lernen: Eine »Banknote« ist ein Geldschein und eine »Notenbank« ist eine Bank. Dasselbe gilt für »Gartenrosen« und »Rosengarten« oder für »Hausherren« und »Herrenhaus«. Das Grundwort immer zum

Schluß. Klargemacht werden kann dann auch noch, daß die Beziehung zwischen diesen Wörtern verschiedener Natur sein kann. Ist nämlich die »Haustür« die Tür des Hauses und das »Umfrageergebnis« das Ergebnis einer Umfrage, so wird die Sache schon deutlich komplizierter bei »Luftballon«, »Luftfahrt«, »Luftfeuchtigkeit«, »Luftgefahr«, »Luftloch« oder unseren schönen »Luftschlössern«: ein Ballon *mit* Luft drin, eine Fahrt *durch* die Lüfte, die Feuchtigkeit *in* der Luft, Gefahr *aus* der Luft, ein Loch *für* die Luft und Schlösser *aus* Luft. Aber mit etwas Logik ist das noch zu schaffen. Schlimm wird es erst, wenn auch mit der Logik nichts mehr auszurichten ist: ein »Fiebermittel« ist ein Mittel *gegen* das Fieber, ein »Schlafmittel« dagegen eines *für* den Schlaf; eine »Atempause« ist eine Pause *zum* Atemholen, eine »Arbeitspause« jedoch ist eine Pause, in der *nicht* gearbeitet wird.

Und was, bitte, ist eine »Kunstpause«?

Journalisten lassen sich solche Zwei- oder Mehrdeutigkeiten natürlich nicht entgehen, und oft sind treffende Titel das Beste an unseren Zeitungen. Zum Beispiel »Bombengeschäft«: unübersetzbar. Und natürlich waren die Dichter schon immer große Meister in der Kunst der Doppel- oder Vielsinnigkeit zusammengesetzter Wörter. Ein Beispiel, weil wir schon bei Titeln sind, ist ›Der Hungerkünstler‹ von Kafka. Er bereitet den immer wieder neuen Kafka-Übersetzern immer wieder neues Kopfzerbrechen. Aber Kafka hat wohl gewußt, was er tut. Denn dieser **Hungerkünstler** versteht sich tatsächlich auf die Kunst des Hungerns, er ist aber auch der Künstler, der am Hungertuch nagt, so wie der, dem irdische Nahrung nichts bedeutet, weil er seinen Lebenshunger an ganz anderen Quellen stillt. Er ist auch der, welcher (ver)hungern muß, weil er »die Speise nicht finden konnte«, die ihm geschmeckt hätte. Und schließlich ist er, ähnlich dem Taschenkünstler, ein geschickter Betrüger, der sich bewundern – und womöglich bezahlen – lassen will für etwas, das für ihn im Grunde überhaupt kein Kunststück ist, sondern innere Notwendigkeit, Berufung, Schicksal.

Dennoch – und trotz des launischen Fugen-s, das in »Arbeits-zeit« richtig, in »Arbeitsgeber« aber falsch ist – ist das Zusammensetzen für Deutschlernende etwas sehr Verlockendes. Schon aus Gründen der Fehlervermeidung. Es ist einfacher, »Kettenreaktion« zu schreiben, als den Vorgang der »Folge von sich steigernden Ereignissen, die durch ein gleichartiges Ereignis ausgelöst werden« (Duden) zu formulieren. Aber wie soll man ihnen erklären, daß »Zweitwagen« richtig ist, »Zweitberuf« aber unmöglich, daß »Schwerarbeit« existiert, nicht aber »Schwerkoffer«, ebensowenig wie man, wie ich meine, den »Österreichbeitritt« oder den »Stabilitätszweifel« akzeptieren kann. Aber dann kommen die lieben Studenten mit Zeitungen angerückt und zeigen mir »Zweitfrau«, »Unionsbürger«, »Deutschbankier«, »Großversuch« – bitte, schwarz auf weiß! Als ob »Altlasten«, »Sofortprogramm« oder »Nullrunde« nicht schon genügten ...

Die Frage ist, ob solche Konzentrate wirklich Essenzen sind, ob sie die Sprache wirklich wesentlicher machen und nicht im Gegenteil oberflächlicher und vor allem zeitgebundener. Solche Strichmännchenwörter können doch nicht lange überleben, es fehlt ihnen der Resonanzkörper. »Übermut«, »Sehnsucht«, »Ehrfurcht« lassen Raum für Be-deutung. Auch die Freude am Bild, der wir Wörter wie »Wolkenkratzer«, »Achterbahn«, »Glücksrad« verdanken, fehlt diesen neuen Telegrammwörtern meist.

Und das gilt nicht nur für die Substantiva. Es sind solch bilderfreudige Zusammensetzungen auch mit Adjektiven möglich. Wo andere Sprachen nur den grammatikalischen Superlativ zur Verfügung haben oder zu mühsamen Umschreibungen greifen müssen, hat das Deutsche Wörter wie: »kinderleicht«, »steinreich«, »windschief«, »bleischwer«, »spindeldürr«, »blutjung«, »pudelnaß«, »strohdumm«, »kerzengerade«, »blitzschnell«, »hauchdünn«, »rabenschwarz«, »herzensgut«, ... Wörter freilich, die junge Leute heute nur mehr aus Märchen kennen, falls man ihnen welche erzählt oder vorgelesen hat.

Denn heute geht's rationell zu. Alle drei Monate wird ein anderes superlativierendes Wort zum Modewort, und wer es nicht kennt, ist nicht etwa strohdumm: Er ist nicht *in*! Wozu Bilder bemühen, wenn »echt«, »Spitze«, »super«, »irre« und dergleichen (ich bin natürlich nicht *in,* wie ich sehe) alle Superlative überbieten? Schade.

ENTTÄUSCHUNG

»Es ist manchmal schwer, jemanden zu enttäuschen, weil er Illusionen braucht.« Ein Satz in der Arbeit eines Deutsch-als-Fremdsprache-Lernenden. Der Lehrer zückt den Rotstift, stutzt, weiß plötzlich nicht, wohin mit dem Rot. Das kommt davon, denkt er, wenn man Deutschunterricht nicht auf Vokabellisten und Grammatikregeln reduzieren will, sondern dazu einlädt, möglichst frei und schöpferisch mit der Sprache umzugehen. Und die deutsche Sprache, hat er immer wieder gesagt, sei ein wahrer Baukasten, ein buntes Lego-Spiel, jeder könne Wörter bilden, sozusagen unbegrenzt. Vor allem mit **Verbpartikeln.** Und da nimmt nun einer nicht nur die Einladung, sondern auch die Sprache beim Wort!

Was wiederum nur beweist, daß alles, was mit Sprache zu tun hat, ein abenteuerliches Unterfangen ist. Beispielsweise der Umgang mit besagten Verbpartikeln, auch Vorsilben oder Präfixen, wie sie noch genannt werden. Da gibt es, weil man ja wohl ein bißchen Ordnung in die Sache bringen muß, drei große Klassen: die trennbaren, die untrennbaren und ... die unschlüssigen, die es einmal so, ein andermal anders halten. Die trennbaren Partikeln sind also diejenigen, die sich, sobald sie können, vom Stammverb lösen und mit ihm jene Umklammerung des Satzes vollziehen, der Ausländer jeweils mit belustigtem oder irritiertem Kopfschütteln gegenüberstehen. Was für eine Sprache ist das, fragen sie sich, die fortwährend den Atem anhält, Erwartung, Hoffnung, Befürchtung erzeugt, manchmal bis zum Unerträglichen, bevor sie dann endlich ihr Geheimnis preisgibt? »Da schlug Peter – [nicht mehr atmen!] –, der sich den Wortwechsel mit wachsender Nervosität angehört hatte, ... folgendes vor.« – [aufatmen: na, das wäre ja noch einmal gutgegangen!].

Schon die **trennbaren Partikeln** können also atemberaubend werden. Aber immerhin, sie haben gewisse Grundbedeutungen: »aus-«, »durch-«, »ab-«, »nach-«, »unter-«, »über-«, und so fort beeinflussen zwar den Sinn des Stammverbs, verändern ihn aber nicht radikal. Das wäre die beruhigende Regel. Es hoffe jedoch keiner, daß ein Verb sich bedeutungstreu verhält, wenn es einmal mit einer bestimmten Partikel vermählt ist! Konsumgüter oder einen Plan »ausführen«, eine Zigarette oder einen Gedanken »ausdrücken«, einen Brief oder ein Projekt »aufgeben« sind jeweils zwei Paar Schuhe. Und sobald wir es mit komplexeren Verbalgruppen zu tun haben, ist auch auf die Partikel kein Verlaß mehr, denn der mit »Heinrich platzte ...« beginnende Satz muß noch lange nicht im Krankenhaus enden. Sicher: Ein Luftballon oder ein Reifen »platzt«, und dann ist Ende, aber – bildlich gesprochen, wie man zu sagen pflegt – kann auch die Geduld platzen, oder der Kragen, man kann vor Ungeduld, vor Neugier oder Neid platzen, und man kann völlig unversehrt in eine Versammlung hinein- oder mit Worten herausplatzen. Wer deutschsprachigen Rednern zuhört, wappne sich also mit Geduld, zügle seine Phantasie und lasse sich von der Sprache nicht schon beim ersten Schrecken in die Flucht ... schlagen!

Die **untrennbaren Partikeln** – die Serie »be-, emp-, ent-, er-, ge-, miß-, ver-, zer-«, die alle Deutschlernenden im Schlaf hersagen können (müssen) – haben zumindest diesen einen Vorteil: Sie erscheinen immer Arm in Arm mit ihrem Verb – notwendigerweise, da sie ja keine eigenständige Bedeutung haben. Man glaube aber nicht, daß der Umgang mit ihnen deshalb einfacher wäre. Wenn nämlich die trennbaren Partikeln den Sinn ihres Stammverbs noch einigermaßen respektieren, gehen die untrennbaren – aus Rache? – völlig willkürlich mit dem Verb um, verändern dessen Sinn manchmal bis zur Unkenntlichkeit: »empfehlen« hat nichts mit »fehlen« zu tun, »verstehen« nichts mit »stehen«, ebensowenig wie »bekommen« mit »kommen« oder »gefallen« mit »fallen«. Dennoch bestätigen auch hier zahlreiche Ausnahmen die Regel.

So drückt zum Beispiel die Partikel **er-** meist ein Resultat aus: er-schlagen, er-trinken, oder weniger tragisch: er-reichen, er-arbeiten, er-kennen. So ist die Er-fahrung das Er-gebnis dessen, was wir auf unseren Reisen durch die weite Welt er-lebt haben, die Er-findung das glückliche Resultat langen Suchens. Man kann mit diesem Silbchen knapp und sprechend wie in keiner anderen Sprache sagen, daß man etwas »erreicht« hat, und wie: Man kann sich ein Geschenk er-bitten, er-trotzen, er-heucheln, er-schmeicheln, er-pressen oder er-kämpfen, man kann eine Geschichte er-träumen, er-denken, er-lügen, sich Wohlwollen er-loben, einen Rivalen er-ledigen oder sich in der Illusion wiegen, einen Partner zu er-gänzen. Die Bereitschaft der untrennbaren Partikeln, Verbindungen einzugehen, ist verblüffend.

Auch **miß-** färbt ein Verb immer in derselben Richtung: miß-lingen, miß-achten, miß-verstehen, miß-brauchen ..., nie ist von diesem »miß-« (das zwar nicht mit »Mist«, wohl aber mit »Missetat« im alten Sinn von »Sünde« verwandt ist) etwas Gutes zu erwarten. Allerdings muß man etwas vorsichtig damit umgehen, denn man kann zwar etwas »mißverstehen«, aber nicht »mißhören«, kann »Mißerfolg« haben, aber nicht »Mißglück«, es kann »Mißernten« geben, aber keinen »Mißfrieden«. Wohl aber kann man dieses miese »miß-« neutralisieren, indem man es verneint: »un-miß-verständlich«.

Auch das Präfix **zer-** zerstört eher, als es heilt. Und hier kann man der Phantasie wieder freien Lauf lassen: Man kann ein Buch zer-lesen, ein Thema zer-reden, Gemüse zer-kochen oder ein Fußballspiel zer-pfeifen und bedient sich dabei lauter dudenfähiger Kombinationen. Freilich erhält dadurch auch unsere lockere »Zerstreuung« plötzlich einen fragwürdigen Ober- oder Unterton. Was zer-streuen wir da eigentlich? Unsere Sorgen? Die Zeit? Gedanken? Und in welche Winde?

So mobil und bindungsfreudig diese untrennbaren Partikeln auch sind: Manchmal verwachsen sie doch so sehr mit einem Stammverb, daß die Nahtstellen kaum noch hörbar sind. So wird **Enttäuschung** allgemein und spontan als etwas Negatives empfunden, als eine Ungerechtigkeit, die uns widerfahren ist, als ein Wermutstropfen im ohnehin schon bitteren Leben. Die Sprache ist anderer Meinung. Denn »ent-« ist ein Privativ, wie man das nennt – wer seine Kleider ablegt, ent-kleidet sich, wer den Mut verliert, ist ent-mutigt, und Kirschen ent-kernen wir, bevor wir Marmelade daraus machen –, und gerade dies sollte uns im Falle der »Enttäuschung« doch eher trösten. Was hat der Enttäuschte denn zu beklagen? Daß er einer holden Täuschung erlegen war und nun die Dinge etwas klarer und wahrheitsnäher sieht? Genau da scheint jedoch die Schwierigkeit zu liegen, die jener Student unzweideutig ausdrückte: »Es ist manchmal schwer, jemanden zu enttäuschen, weil er Illusionen braucht.« Man täuscht sich eben nur allzu gern über Tatsachen hinweg, will also dann folgerichtig nicht ent-täuscht werden, ist es aber gerade deshalb immer wieder ... und klagt. Der Enttäuschte, sagt die Sprache, ist um eine Täuschung ärmer, um eine Wahrheit reicher. Wer wollte da klagen?

URIG

Verben haben ihre Partikeln, Substantiva, Adjektive und Adverbien ihre Vor- und Nachsilben, und es gibt in der Werkzeugkiste der deutschen Sprache eine ganze Reihe davon. Besonders interessant ist die Vorsilbe **Ur-**, die sich solcher Beliebtheit erfreut, daß sie zum Stammwort avancierte und dieses Unikum der deutschen Sprache möglich machte: **urig!** Die außergewöhnliche Karriere der Vorsilbe »Ur-« dürfte sich aus dem Umstand erklären, daß der Deutsche ihr einige seiner Lieblingsbeschäftigungen verdankt: nach der »Ursache« aller Dinge zu forschen, über alles und jedes ein »Urteil« zu fällen, eine Unzahl von »Urkunden« auszustellen und elf Monate lang seinen jährlichen »Urlaub« zu planen. Auf die Frage eines Wortklaubers, ob es denn zwischen dem »Urlaub« und dem »Urwald« irgendeinen »Urzusammenhang« gäbe, antwortet der Durchschnittsdeutsche – den es bekanntlich nicht gibt –, er finde die Frage »urblöd«.

Dennoch: »Ur-« und »Ur-« sind nicht unbedingt dasselbe. Das »Urgestein«, der »Ureinwohner«, der »Urahne« sind offensichtlich Wörter, wo »Ur-« auf einen in dunkler Vergangenheit liegenden Anfangszustand oder auf den ersten Vertreter einer Reihe von Wesen oder Erscheinungen hinweist. Das Weltall entstand durch den immer noch ungeklärten »Urknall«, der »Urmensch« lebte im »Urwald« und befreite sich von seiner »Urangst« durch den »Urschrei«. Auch die **Ursache** gehört hierher – als auslösender Anlaß einer Streitsache – oder der **Urheber,** der für eine Handlung oder einen Tatbestand, aber auch für ein Kunstwerk verantwortlich zeichnet. Für Platon war die Idee unerreichbares »Urbild« aller Dinge, und Goethe träumte davon, die »Urpflanze« zu entdecken. Daß auch der »Urgroßvater« zur Urfamilie gehört, leuchtet jedem ein, aber warum auch der **Urenkel?** Wo doch die zeitlichen Perspektiven einander diametral gegenüberstehen? Das ist wohl richtig, und dennoch keine Exklusivität der deutschen Sprache: Auch im Französischen heißt »Urenkel« *arrière-petit-enfant,* was ebenfalls »nach hinten« weist. Im Volksglauben galt nämlich der Enkel als wiedergeborener Großvater, weshalb man ihm ja auch den Namen des verstorbenen Ahnen gab, um, wie es heißt, dessen gute Eigenschaften auf ihn zu übertragen. Der arme Urenkel wird sozusagen schon uralt geboren – doch ist nicht jeder von uns so ein Urenkel?

Es gibt aber noch eine andere Herkunft der Vorsilbe »Ur-«. Ist nämlich der »Urwald« in der Tat der Tropenwald im Naturzustand, so ist der »Urlauber« keineswegs ein Mensch, der in ebensolchem Naturzustand ins Laub klettert. **Urlaub** kommt von »erlauben«: Es waren die arbeitsfreien Tage, die einem erlaubt wurden und die einem erlaubten, sich auszuruhen oder nach Hause zu fahren. Im Bereich des Militärs heißt der Urlaub in Frankreich übrigens heute noch *la permission:* die Erlaubnis. Ist also ein Substantiv, das mit »Ur-« beginnt, von einem Verb hergeleitet, dann handelt es sich immer um eine Umformung von »er-« zu »Ur-«. So wurde im **Urteil** der Rechtsspruch »erteilt«, im **Ursprung** versteckt sich die aus dem Felsen »(er)-springende« Quelle, die **Urkunde** ist die Bestätigung »erkundeter«, also erforschter und belegter Informationen.

Auch Adjektiva verbinden sich gern mit der Vorsilbe »ur-«, und wir gehen heute recht locker damit um. Zum ehrwürdigen »uralt« oder »urwüchsig« gesellten sich inzwischen »urkomisch«, »urgemütlich«, oder eben »urig«, das wohl alles auf einmal bedeuten kann, je nach Bedarf. Hier wird nicht mehr nach Ursachen geforscht, hier drückt sich einfach die Freude am Superlativ aus – ähnlich wie bei den Franzosen im *archi-* (*archivieux, archidrôle, archiconnu),* das genau unserem *Erz-* entspricht (»Erzbischof«, »Erzengel«, »Erzfeind«, »Erzgauner« ...) und eine beliebte Steigerungsform darstellt. Ob man nun in der deutschen Sprache jemanden lieber »urblöd« findet oder »erzdumm«, ist ganz persönliche Geschmacksache.

NICHT

Es gibt in ausländischen Universitätsbibliotheken ganze Bände über das Wörtchen »nicht«. Verfaßt von Sprachwissenschaftlern verschiedener Fachgebiete, die sich alle zum Ziel gesetzt haben, diesem »Geist, der stets verneint«, auf die Schliche zu kommen.

Allen voran zerbrechen sich die Syntaktiker den Kopf über die Standortstrategie des verneinenden Adverbs. Sie möchten wissen – und dieses Wissen dann didaktisch, also lehrend, vermitteln –, warum »nicht« ständig seinen Platz wechselt und welche Auswirkungen diese außergewöhnliche Mobilität auf den Sinn des ganzen Satzes hat.

Da gibt es zunächst den grundlegenden Unterschied zwischen der globalen Verneinung und der, welche sich nur auf ein Element des Satzes bezieht:

»Deutsch wird in der ganzen Schweiz nicht gesprochen.« (nirgendwo)

»Deutsch wird nicht in der ganzen Schweiz gesprochen.« (nicht überall)

»Nicht deutsch wird in der ganzen Schweiz gesprochen.« (sondern?)

Bei globaler Verneinung, heißt es weiter, steht »nicht« *nach* Objekten (Ergänzungen) ohne Präposition, doch *vor* Objekten mit Präposition:

»Er hat seinen Wagen nicht abgeschlossen.«

»Er ist nicht mit dem Wagen gekommen.«

»Er hat seinen Wagen nicht in die Garage gefahren.«

Alles klar? Übung:

»Er hat (nicht) die Wahrheit (nicht) gesagt.«

»Er wird sich doch (nicht) das Leben (nicht) nehmen!«

»Er hat (noch nie) Schach (noch nie) gespielt.«

Lösung: In allen drei Fällen ist die zweite Verneinung falsch. Obwohl es keine Präposition gibt. Denn »die Wahrheit sagen«, »sich das Leben nehmen«, »Schach (Klavier, Fußball ...) spielen« sind sogenannte feste Verbindungen. Das heißt, daß das Objekt sich wie eine trennbare Verbpartikel verhält:

»Er sieht jeden Abend fern.«

»Er hat heute nicht ferngesehen.«

»Er sagt immer die Wahrheit.«

»Er hat diesmal nicht die Wahrheit gesagt.«

Beobachten wir nun folgende Sätze:

A: »Ich habe diesen Menschen noch nie gesehen.«

B: »Ich habe noch nie einen Marsmenschen gesehen.«

Hier geht es um die Anordnung von Bekanntem (Bezugsteil) und Unbekanntem (Informationsteil) im deutschen Satz. »Diesen Menschen« (A) habe ich zwar noch nie gesehen, es war aber schon von ihm die Rede, demnach ist er – laut Grundgesetz des deutschen Satzes – keine neue Information und wird also so früh wie möglich abgefertigt. Neu und wichtig ist die Verneinung des Verbs »gesehen«. Anders beim Marsmenschen (B): Er ist Antwort auf die Frage, *was* ich denn noch nie gesehen hätte – also kommt er, der Marsmensch, so weit nach hinten wie möglich.

Dies zu den Standortbestimmungen der Verneinung.

Von Sprachhistorikern erfahren wir, daß **nicht** eine Zusammensetzung aus dem althochdeutschen *ni (eo) wiht:* »nicht (irgend) etwas« entstanden ist. Dieses »etwas« – *wiht* – lebt übrigens in unserem »kleinen **Wicht**«, im »Bösewicht« oder im »Wichtelmännchen« weiter. Außerdem wurde das mittelhochdeutsche *niht* auch als Substantiv verwendet, »das Nicht« sozusagen, wodurch wir uns so eigenartige Gebilde wie **mitnichten** oder »zunichte machen« erklären können.

Dieselbe Negativpartikel *ni* diente auch der Bildung von **nie** (*ni-eo,* wörtlich: »nicht je«), wie auch der Bildung von »nimmer«, »niemand«, »niemals« … und von **nein** (wörtlich: »nicht ein«). Allerdings wird das Antwortadverb »nein« – und dies auch in anderen Sprachen – nicht nur als Verneinung gebraucht, sondern gilt manchmal als Ausdruck des sprachlosen Staunens: »*Du* hast das große Los gewonnen? Nein!!« – »Doch!« – »Nein! Das darf nicht wahr sein!« Seltsam, wie wir manchmal mit Verneinungen umgehen …

Aber das ist keineswegs so neu, wie wir meinen. Das Wörtchen **nichts** zum Beispiel entstand aus einer im Mittelalter sehr verbreiteten Gewohnheit, zum Zwecke der Verstärkung doppelt zu verneinen. Das Auslaut-s ist nämlich ein Genitiv: *nihtes niht!* hieß es, wenn es »von nichts nichts« gab. Eigenartigerweise sagen die Franzosen im selben Fall *rien du tout*, wörtlich: »etwas von allem« (*rien* kommt vom lateinischen *res*, Sache, Ding). Da aber *rien* auch (!) »nichts« bedeutet, hört der Franzose also: »nichts von allem«, und Edith Piaf singt, daß sie *»rien de rien ...«* »nichts von nichts« bereut.

Bleiben wir noch ein wenig bei der doppelten **Verneinung**. Sie ist in mundartlichen oder umgangssprachlichen Wendungen häufig zu hören, und wir finden sie lustig: »Des is ka Witz net!« kann man im Süden hören, und (nicht nur) das Kind beteuert: »Das hab ich niemals nicht gesagt.« Freilich ergeben solch doppelte Verneinungen ja genau genommen Bejahungen – »Kein Mensch hat nichts verstanden« ist eher eine gute Nachricht –, und Leute, die sich für Sprachkünstler halten, benutzen sie als Verständnisbremsen und erheben sie zur rhetorischen Figur. Wenn ich jemandem zwar »nicht unfreundlich«, aber doch »unmißverständlich« meine »nicht unmaßgebliche« Meinung sage, ist es »nicht auszuschließen«, daß auch mein beschwichtigendes »nichts für ungut« die Sache »nicht ungeschehen« machen kann. Doch daran bin ich bitte selber schuld! Sprache ist geduldig, aber man soll's nicht übertreiben. Sie könnte uns sonst ins Haspeln bringen und – »nicht ohne Mißgunst« – unsere wahren Gedanken verraten.

Freud hat bekanntlich in seiner Erforschung des Unbewußten der Verneinung besondere Aufmerksamkeit geschenkt. Er hatte beobachtet, daß eine – vor allem vehement vorgebrachte – Verneinung nahezu immer eine uneingestandene Bejahung ist. Sagt etwa ein Patient: »Sie fragen, wer diese Person im Traum sein kann. Die Mutter ist es nicht«, so berichtigt Freud: »Also ist es die Mutter.« Und er gibt folgende Erklärung: »Es ist so, als ob der Patient gesagt hätte: Mir ist zwar die Mutter zu dieser Person eingefallen, aber ich habe keine Lust, diesen Einfall gelten zu lassen. [...] Die Verneinung ist eine Art, das Verdrängte zur Kenntnis zu nehmen, eigentlich schon eine Aufhebung der Verdrängung, aber freilich keine Annahme des Verdrängten. Man sieht, wie sich hier die intellektuelle Funktion [die Bejahung] vom affektiven Vorgang [der Verneinung] scheidet.« (Sigmund Freud: ›Die Verneinung‹, 1925)

Aber auch ohne Freud bejaht die Sprache manchmal, indem sie verneint. Nehmen wir zum Beispiel die verneinende Vorsilbe **un-**: ein »Unglück« ist sicher das Gegenteil von Glück, ein »Unmensch« kein Mensch, der diesen Namen verdient, »Unordnung« ist, wenn man nicht findet, was man sucht, und »Unruhe« ist Ruhelosigkeit. Was aber, wenn uns eine »Unzahl« von Zwischenfällen in »Unkosten« stürzt? Wenn unser Ferienhaus in der Provence »Unsummen« verschlingt?

Es ist also so eine Sache mit der Verneinung. Aber sollen wir deshalb zu Jasagern werden? Mitnichten!

BEGRIFF

»Begriff« kommt vom Verb **begreifen**. Wie bei so vielen anderen Wörtern auch ist die erste Bedeutung eine buchstäbliche, konkrete: Es handelt sich darum, einen Gegenstand, eine Form zu begreifen, ihre Konturen abzutasten, ihre Flächen nach Glätte oder Rauheit zu befühlen, ihre Größe oder ihr Gewicht zu erfassen. Erst dann wird daraus »begreifen« im Sinne von »verstehen«. Was die Sinne wahrgenommen haben, wird sinnvoll, macht Sinn. Und ein Wort bleibt sinnvoll, wenn es bei jedem Gebrauch auch die Sinne mobilisiert: tasten, sehen, hören ... So geht ja zum Beispiel auch **erfassen** denselben Weg vom Ding zum Sinn, von »in ein Gefäß (ein Faß) tun«, etwas »anfassen«, sich mit etwas »befassen«, bis hin zu »unfaßbar« oder »fassungslos«, aber auch zur »Gefaßtheit«, zum »Verfasser« oder zur »Auffassung«.

Zurück zum **Begriff**. Im Gegensatz zu »Bedeutung« oder »Weltanschauung«, wo die Nachsilbe das Wort ausklingen läßt, handelt es sich bei »Begriff« um ein hörbares Zuschnappen: Genug getastet, genug gezögert, die Sache wird »auf den Begriff gebracht«, das heißt »benannt«. Der Name tötet das Ding, sagt man, und das scheint oft tatsächlich der Fall zu sein. Denn dieser Begriff, dieser eingefangene Schmetterling, der nun fein säuberlich festgenadelt, etikettiert und eingeordnet wird, zittert und schillert nicht mehr, dafür aber ist er verwendbar geworden wie eine Münze, kann in Umlauf gebracht werden, kann dem Gedankenaustausch dienen, im Wortwechsel seinen Stellenwert geltend machen, und wenn man eine gewisse Menge davon besitzt, hat man einen Wortschatz. Und der wiederum ist, wie jedermann weiß, die beste Erfolgsgarantie.

Begriffe sind also verpackte Wörter, mit denen sich reden läßt. Stundenlang, wenn es sein muß. Und ohne Gefahr. Denn eine ihrer beliebtesten Eigenschaften ist, daß sie vielsagend sind, also ungemein bequem. Eine Ausstellung, ein Buch, einen Menschen »interessant« zu finden, eine Stadt »großartig«, ein Problem »komplex« oder einen Sonnenuntergang »unvergeßlich«, das verpflichtet zu nichts. Und auch Begriffe wie »Freiheit«, »Demokratie«, »Wunder«, »Erfolg«, »Charakter« sind unverbindliche Dauerbrenner. Man ergreift das Wort, hat die Sache im Griff und kann der allgemeinen Zustimmung sicher sein, denn daß jeder versteht, versteht sich von selbst.

Wo liegt nun aber, fragt der Leser, der Unterschied zwischen Wort und Begriff? Denn auch sogenannte Begriffe sind ja Wörter. Richtig. Sagen wir es einmal so: Wörter benennen, während Begriffe ordnen, gruppieren, zusammenfassen. So sind sie also im besten Fall »Sammelwörter« wie etwa »Obst«, »Gemüse«, »Niederschlag«; im schlimmsten Fall jedoch degenerieren sie zu dem, was die Franzosen *mots-valise* nennen: **Kofferwörter.** Behälter also, in die man möglichst viel Ungenaues hineinstopft, damit sich der Gesprächspartner herausholen kann, was er gerade hören möchte. Das funktioniert etwa so wie in der Geschichte des kleinen Prinzen, der möchte, daß der Pilot ihm ein Schaf zeichnet. Aber keines der gezeichneten Schafe entspricht dem, das der kleine Prinz sich wünscht, so daß der Pilot die Geduld verliert, eine Kiste skizziert und sagt: »So, das ist die Kiste, das Schaf, das du willst, ist drinnen.«

Und es stimmt wohl, daß viele Begriffe notgedrungen »Kofferwörter« sind, vor allem jene, die wir »abstrakte Begriffe« nennen, eben weil sie sich nicht be-greifen lassen: »Glück«, »Freude«, »Trauer«, »Leidenschaft«, »Sehnsucht«, »Liebe« ... geben höchstens die Färbung einer persönlichen Stimmung an, sind nicht präziser als »rot«, »blau« oder »grau«. Kein Maler sagt »rot«, er spricht von »karminrot, scharlachrot, rostrot, ziegelrot, feuerrot«, nennt die Farbe warm oder kalt, weich oder hart. Und es ist eben mühsam, Begriffe zu definieren, sie abzutasten, auszuloten, abzugrenzen gegen andere. Aber wenn wir es ernst meinen mit dem Wunsch nach Klarheit, nach Mit-teilung und Verstanden-werden-Wollen, ist es das mindeste, wenigstens die Schlüsselwörter seiner Mitteilung vorzustellen, ja, vorzustellen wie Personen, mit denen man eine Weile wird umzugehen haben. Es bleibt ohnehin immer ein »undefinierbarer Rest«, den auch die genaueste Sprache nicht »in den Griff bekommt« ...

Begriffe sind also unsere Weltordner. Inwiefern aber das, was wir so begreifen und ordnen, unserer spezifischen Weltanschauung entspricht, darüber klärt uns der Vergleich mit anderen Sprachen auf. Denn auch wenn die Wörter der jeweiligen Sprachen ein und dieselbe »Welt« benennen, decken sich die Begriffe durchaus nicht immer. Man könnte sagen, daß »unsere Welt« zum Puzzle wird, dessen Einzelteile von Sprache zu Sprache verschiedene Größen, Formen und Farben haben. Das macht ja auch den Übersetzer zu dem sprichwörtlichen Verräter (*traduttore traditore* sagen die Italiener), auch bei den gängigsten Wörtern. Denn »Brot« ist rund, warm und haltbar, *pain* hingegen lang, knusprig und kurzlebig, bei »rot« denken die Deutschen ebenso spontan an Liebe, wie die Franzosen bei *rouge* an die Revolution. Dazu kommen noch Lücken im Wortschatz: Was soll man einem Deutschlernenden antworten, wenn er fragt, warum die Deutschen zwar ein Wort hätten, das sagt, daß sie genug gegessen haben, »satt«, aber keines, um zu sagen, daß sie genug getrunken haben? Soll man ihnen antworten, daß die Deutschen dafür (?) zwischen »warm« und »heiß« unterscheiden können, während Franzosen nur über *chaud* verfügen?

Die praktische und notwendige Seite der Begriffe, nämlich die Welt ein wenig zu ordnen und überschaubar zu machen, hat also ihre Unzulänglichkeiten und Gefahren. Denn je vielsagender sie sind, desto nichtssagender können sie werden. »Echt toll, du machst dir keinen Begriff!« sagt der eine. Und der andere, der ja nicht schwer von Begriff ist, hat verstanden, daß die Sache »alle Begriffe übersteigt«. Hier wird also, im Namen der rationellsten Vermeidung von Mißverständnissen, der Begriff selbst zum Begriff: die Kiste in der Kiste, und kein Schaf. Alles klar.

BUCHSTABE

Die Frage, wie denn das Wort **Buchstabe** zu verstehen sei, beantwortet sich von selbst: buchstäblich. Es handelte sich zunächst also nicht um die senkrechten gedruckten Zeichen, die wir in einem Buch vorfinden, sondern ganz wörtlich um kleine Stäbe aus Buchenholz, welche in germanischen Urzeiten zum Zwecke der Weissagung auf den Boden gestreut und sinngebend aufgelesen, das heißt gedeutet wurden. Das **Buch** kam erst viel später und war nicht die Bezeichnung für eine Ansammlung von Buchstaben, sondern hieß so, weil man den Text auf Tafeln aus Buchenholz schnitzte. Was mühevoll war und nicht immer von Erfolg gekrönt, denn so eine Holztafel konnte während des Schnitzens oder des Abdrucks zerspringen, und man mußte eine neue machen. Deshalb war ja auch die Erfindung Gutenbergs, nämlich die Buchstaben einzeln in Metall zu gießen und mit ihnen eine Textseite zusammenzusetzen, eine epochemachende Revolution. Im deutschen Sprachraum war eines der ersten so gedruckten Bücher die Bibel in der Übersetzung von Martin Luther (Erstausgabe 1522). **Bibel** kommt übrigens vom griechischen *biblia,* der Bezeichnung für heilige Schriften, welches seinerseits von *biblion* (Buch) abgeleitet ist, einem Wort, das wir für unsere »Bibliotheken«, »Bibliographien« und »bibliophilen« Bücher übernommen haben.

Der Buchstabe nun, das kleinste Element unseres heutigen Sprachbaukastens, ist das Resultat eines langen Wegs. Er führt von der Bilderschrift der Ägypter über die Silbenschrift der Phönizier bis zu den Lettern der Griechen, nach deren ersten beiden Buchstaben, *alpha* und *beta,* wir unser **Alphabet** bezeichnen. Wir wissen, daß längst nicht alle Sprachen alphabetisch sind und daß zum Beispiel die japanische oder die chinesische Schrift aus Wortzeichen besteht, sogenannten Ideogrammen. Die chinesische Sprache zählte in ihrer Blütezeit bis zu 45 000 solcher Zeichen, und heute noch muß ein chinesisches Schulkind etwa 1500 Ideogramme kennen, bevor es eine Zeitung lesen kann. Im Vergleich dazu erscheinen uns die sechsundzwanzig Buchstaben unseres Alphabets als ein armseliges Häufchen – oder aber als die genialste Erfindung aller Zeiten ...

Auch die Buchenstäbchen der nordischen Orakelsprecherinnen, von denen wir unser Wort »Buchstabe« herleiten, waren schon mit geritzten Zeichen versehen, den sogenannten **Runen.** Und diese waren bereits alphabetische Zeichen, zwischen 16 und 24 an der Zahl, von denen Sprachforscher vermuten, daß sie sich aus der nordetruskischen Schrift entwickelt haben und über Handelswege zur See in den Norden kamen. Interessant ist für uns, daß diese »Runen« mit dem Verb **raunen** verwandt sind und auch mit der betäubenden **Alraune.** Allerdings enttäuscht das auch die Hoffnung, daß die Orakelsprüche durch diese eingeritzten Runen etwas klarer würden. Es wird im Gegenteil immer geheimnisvoller, denn wollen wir der Sprache glauben, so wurden diese Weissagungen den Leuten nicht etwa deutlich und klar mitgeteilt, sondern – buchstäblich! – »zugeraunt«. Man konnte sie also nur als Geräusch oder Gemurmel wahrnehmen und mußte selbst entscheiden, was man schließlich für »wahr nahm«.

Weissagungen waren immer vielsinnig, waren nie Antwort, sondern Rätsel, daran haben weder Buchstaben noch Runen etwas geändert. Und die »Alraune« ist nicht von ungefähr mit der »Rune« verwandt. Es wurden dieser Zauberwurzel die unterschiedlichsten Kräfte zugetraut: Sie tötet den Sündigen, hieß es, macht ihren Besitzer reich, läßt sich zu einem Liebestrunk brauen, nimmt Menschengestalt an in Form eines Wurzelmännchens oder der Seherin Albruna. (Frauen, die Gudrun oder Sigrun heißen, haben die Wahl.) Und so sind denn auch Buchstaben im Grunde immer noch geheimnisvolle Zeichen, auch wenn sie nicht mehr zerstreut auf dem Boden liegen, sondern aufrecht in Büchern stehen und dort »schwarz auf weiß« den Anspruch erheben, die Dinge zu sagen, »wie sie sind«.

UMLAUT

Jede alphabetische Schrift ist Übertragung von Lauten in Zeichen, und das lateinische Alphabet hat 26 davon, darunter nur fünf Vokale. Damit müssen wir auskommen, wohl oder übel. Es ist daher verständlich, daß wir – und wir sind nicht die einzigen – zu zusätzlichen, sogenannten »diakritischen« Zeichen greifen, um weitere Unterscheidungen zu ermöglichen. Die Franzosen haben ihre Cedille und ihre Akzente, die Spanier und die Portugiesen ihre Tilde (mit jeweils unterschiedlicher Funktion), und wir haben, wenn wir von der Großschreibung der Substantiva absehen, unser sogenanntes »scharfes s« und den Umlaut.

Das -ß- (oder »sz«) ist ein Buchstabe, der tatsächlich nur in der deutschen Sprache existiert. Seine Form leitet sich aus der

gotischen Schrift her, wo das sogenannte »scharfe s« aus einem
»langen s« plus einem »z« gebildet wurde (ſʒ). Dies hat dann in
der lateinischen Schrift ein dem griechischen *beta* (-β-) ähnliches Gebilde ergeben, welches von Ausländern nicht selten für
barbarisch und vor allem für überflüssig gehalten wird. Denn
quantitativ ist dieses -ß- ja nichts anderes als ein -ss-: Nach langen Vokalen, sagt die Regel, habe nicht -ss- zu stehen, sondern
-ß- (die Füße, die Größe, der Fleiß, draußen, fließen ...); außerdem werde -ss- im Auslaut und vor Konsonanten immer zu -ß-
(müssen – er muß, essen – er ißt). Eine Regel, welche die
Schweizer längst über Bord geworfen haben: Sie ignorieren das
-ß- und behaupten, kein Mensch stolpere über die Rubriken der
»Neuen Zürcher Zeitung«, nur weil man dort durchwegs -ss-
schreibe. Das mag wohl stimmen. Doch wenn man auf diesem
Weg die »Massstäbe« (NZZ) akzeptiert, so müßte man auch
den »Fetttopf«, die »Schifffahrt« und den »Schwimmmeister«
akzeptieren, oder?

Die Rechtschreibreformer neuesten Datums machen es uns
jedoch nicht so einfach. Sie schaffen zwar den konventionellen,
mechanischen Teil der ß-Regel ab (also: müssen – er muss, essen
– er isst, fassen – das Fass), behalten aber die phonetische Unterscheidung bei: nach langen Vokalen weiterhin -ß- (die Füße,
größer, draußen, die Maße ...). Schön und gut. Aber die Sprache
lacht sich ins Fäustchen, denn wo die Rechtschreibreformer sie
auf der einen Seite eingefangen haben in ihre neue Regel, ent-
schlüpft sie ihnen auf der anderen. Wo ist die linguistische
Logik, fragen mich meine Studenten, wenn das Verb »messen«
das Substantiv »Maß« ergibt, und »reißen« den »Riss«? Es ist
also möglich, daß Sprachpolizisten der Zukunft das -ß- vollends zu Grabe tragen, und wer sich dann ins Fäustchen lacht,
wissen wir.

Aber es bleibt uns ja gottlob noch der **Umlaut,** ein diakriti-
sches Zeichen im vollen Sinn des Wortes: Der Umlaut dient der
Bildung beziehungsweise der weiteren Unterscheidung von
Vokalen. Er fügt den fünf Basisvokalen -a-, -e-, -i-, -o-, -u- und

den drei Diphthongen -ei/ai-, -au-, -eu- drei weitere Vokale hinzu: -ä-, -ö- und -ü-.

Wenn man erfährt, daß das Wort Umlaut erst am Anfang des 19. Jahrhunderts – unter anderem von Jakob Grimm – zum strengen Fachwort erhoben wurde, und wenn man außerdem beobachtet, daß *Goethe* oder *Maeterlinck* statt des Umlauts ein -e- verwenden, fragt man sich, woher dieser Umlaut denn eigentlich kommt.

Nun: Phonetisch ist der Umlaut in den meisten Fällen ein Phänomen der Angleichung, der Palatalisierung, wie man das auch nennt. Um nachzuvollziehen, was das heißt, können wir nacheinander die Wörter »Buch – Loch – Bach – Pech – Licht« aussprechen und feststellen, daß die Vokale vom »dunklen« -u- zum »hellen« -i- am Gaumen schrittweise nach vorne wandern. Wir können auch feststellen, daß ein Satz wie etwa: »Barbara saß am Abhang« wesentlich fließender ist als: »Kurt kippt das Bild um«. Es ist also verständlich, daß es im Laufe der Zeit eine Entwicklung der Vokale gegeben hat, um Wörter sozusagen mundgerechter zu machen, um die Distanz von einem Vokal zum andern zu verringern.

So wurde das althochdeutsche *gibotan* zu »geboten«, *giholfan* zu »geholfen«, das germanische *wulfa* wurde zu »Wolf«, das *juka* zum »Joch«, und *reht-jan* wurde zu »richten«, ebenso wie *furht-jan* zu »fürchten«. Immer handelt es sich, wie wir sehen, um ein Einander-näher-Rücken der Vokale, wobei es natürlich eine Rolle spielte, ob die jeweiligen Silben betont oder unbetont waren. Aber generell zog ein nachfolgender heller Vokal den dunklen Stammvokal »nach vorne«, und so wurde aus *gabi* unser »gebe«, aus *adili* unser »edel«, aus *hamadi* zunächst *hamidi* und schließlich »Hemd«.

Da solche i-Umlaute, wie man sie auch nennt, besonders in Verbflexionen, in Plural- und Adjektivbildungen oder in Verkleinerungsformen vorkommen und man die Zugehörigkeit zum Stammwort graphisch sichtbar machen will, schreibt man also nicht »du fellst«, sondern »du fällst«, nicht »elter«, sondern

»älter«, und auch nicht »Freulein«, sondern »Fräulein«. Dazu kommt die lautliche Unterscheidung: Auch wenn man heute immer seltener den Unterschied zwischen »währen« und »wehren« hört, unterscheidet sich die »Bühne« doch deutlich von der »Biene«, ebenso wie der »Besen« vom »Bösen«. Umlaute sind eigenständige Laute und wollen sich auch im Schriftbild als solche zu erkennen geben.

Graphisch wurde das Problem zunächst so geregelt, daß man dem flektierten Laut ein -e- nachsetzte, und Goethe ist längst nicht der einzige, der dies in der Orthographie seines Namens beibehalten hat. Später dann wurde dieses nachgestellte -e- (es war ein gotisches -ꞑ-) *auf* den zu beugenden Vokal gesetzt, was man in gar nicht so alten Büchern noch vorfinden kann. Mit dem allgemeinen Übergang zur lateinischen Schrift ergab dieses aufgesetzte gotische -ꞑ- dann schließlich die beiden kleinen Striche, die wir »Umlaut« nennen. Es kommt innerhalb des deutschen Sprachraums immer seltener vor, daß das flektierende -e- nachgestellt wird. Für Großbuchstaben – Uebung oder UEBUNG – und wie gesagt in Eigennamen ist es jedoch immer noch zu finden.

Allerdings erlauben die wenigsten Schreibmaschinen- oder Computertastaturen, den deutschen Umlaut – zwei kleine Striche – vom **Trema** – zwei Punkte – zu unterscheiden. Das Wort »Trema«, das aus dem Griechischen kommt und ursprünglich unter anderem die Punkte beziehungsweise die Löcher des Würfels bezeichnete, das »Trema«, das auch als medizinischer Fachausdruck für die Lücke zwischen den mittleren Schneidezähnen gilt, bedeutet in der Phonetik, daß zwei aufeinanderfolgende Vokale nicht zu einem Diphtong verschmolzen, sondern getrennt ausgesprochen werden. Die Franzosen schreiben »naïf«, oder »égoïste«, um nicht, wie ihre Ausspracheregel es verlangen würde, [nef] oder [egoast] zu sagen.

Es ist natürlich nicht auszuschließen, daß wir im Zuge der Internationalisierung auch unser Umlautzeichen verlieren. Denn englische beziehungsweise amerikanische Tastaturen verfügen nur ausnahmsweise über dieses Zeichen, und es könnte sich allmählich eine generelle Rückkehr zum nachgestellten -e- durchsetzen. Alles Uebungssache, wird man sagen, und wir koennen ja in der Tat schon zu ueben anfangen: »Wenn ich ein Voeglein waer, und auch zwei Fluegel haett, kaem ich zu dir ...«

Bliebe noch die grosse frage der kleinschreibung, und die ist zwar ein kritischer punkt, gehoert aber trotzdem nicht in das kapitel der diakritischen zeichen ... oder doch?

LESEN

Lesen ist eine Tätigkeit, die heute immer mehr Menschen immer weniger beschäftigt, heißt es. Das stimmt natürlich nur insofern, als von dem ungeheuren Massenangebot an Gedrucktem in Form von Zeitungen, Zeitschriften, Broschüren, Büchern und Bänden ein immer geringerer Prozentsatz gelesen wird – beziehungsweise gelesen werden kann. Was wohl jedem einleuchtet, der bedenkt, daß allein seit etwa 1950 mehr Bücher gedruckt wurden als in den über vierhundert Jahren davor, das heißt seit Gutenbergs revolutionärer Erfindung. Und es betrifft diese Hochrechnung wohlgemerkt nur die Bücher, bezieht also den Blätterwald von Presse und Werbung nicht ein, der schon allein genügen würde, auch den lesewilligsten Mitbürger zu überfordern. Und es ist auch nicht die Rede von den neuesten Errungenschaften der Technik, CD-Rom und Internet, die das Lesen zu einem Formel-1-Rennen machen, das nicht im behaglichen Schein der Leselampe stattfindet, sondern auf flimmernden Datenautobahnen.

Kein Wunder, daß man unter **lesen** immer mehr den geradezu automatischen, von den Augen erledigten Transport von Geschriebenem in den Kopf versteht und höchstens bei ganz unleserlichen Handschriften oder Geheimcodes von »entziffern«, »entschlüsseln« oder »enträtseln« spricht. Lesen, das heißt die Tätigkeit des Lesens, scheint – sofern man sich nicht zu den Analphabeten zählt – so selbstverständlich, daß es da nichts zu diskutieren gibt.

Doch müßten uns Begriffe wie »Weinlese«, »Ähren lesen«, »Auslese« oder auch »erlesene Gäste« neugierig machen. Irgendwie scheint »lesen« doch nicht nur mit Büchern zu tun zu haben. Und so ist es auch. Das Verb kommt von der Landwirtschaft und bedeutet dort »sammeln«, »aufheben«, »auflesen«. Interessant ist dabei, daß das Adjektiv **leer** auch von diesem »lesen« abgeleitet ist. Nach der Ernte war es nämlich den Armen erlaubt, von den Feldern »aufzulesen«, was noch zu finden war, und dies war für viele ein Segen. Vom Standpunkt des Besitzers aus wurden jedoch die Felder »abgelesen«: abgeräumt, »leer« gemacht.

Gleichzeitig aber hieß »lesen« sehr früh auch »auswählend sammeln«, und später »auswählen« überhaupt. Die **Auslese** kommt daher, der erlesene Gast und alle anderen Ausleseverfahren, darunter auch das Erbsen auslesen, das heute eine so seltene Beschäftigung geworden ist, daß man meint, es sei dasselbe wie Erbsen auslösen, das heißt enthülsen. Nein. Vor der gesegneten Zeit der Trockenfrüchte und der Tiefkühler mußten im Winter Erbsen, Bohnen und anderes regelmäßig ausgelesen – oder verlesen – werden, ganz wie bei Aschenputtel, dem die Tauben dabei halfen: »die guten ins Töpfchen, die schlechten ins Kröpfchen«.

Mit diesem auswählenden Sammeln aber kommen wir unserem Bücherlesen schon ein wenig näher. Bei den germanischen Stämmen war es Brauch – es wurde dies schon im Zusammenhang mit dem »Buchstaben« gesagt –, Runenstäbchen aus Buchenholz gebündelt in die Luft zu werfen und dann die auf dem Boden verstreuten Stäbe in sinngebender Reihenfolge aufzulesen: auszuwählen und zu deuten. Doch war diese deutende Auslegung alles eher als »deutlich«, wie wir wissen, war also nicht »Bedeutung« im heutigen Sinn des Wortes.

Das Verb **deuten** hieß in der Tat ursprünglich »auf etwas (hin)deuten«, »auf etwas aufmerksam machen«, »etwas zeigen«. Man be-deutete etwa ein Bild oder ein Ereignis, ganz wie man es heute be-schreibt. Daß das Verb »deuten« außerdem mit »deutsch« verwandt ist – einem Adjektiv, das ursprünglich »die Sprache des Volkes« bezeichnete –, gibt dem Verb **bedeuten** genau genommen den Sinn: »dem Volk etwas zeigen«, »dem Volk etwas verständlich machen« (daher ja auch der Ausdruck »auf gut deutsch«). Es war in der Tat die Aufgabe der Priester oder der Alten, die Aufnahme der Opfergaben, also den Willen der Gottheit zu »deuten«, und das heißt letztlich: in Worte zu fassen. Sowie etwa die Sterndeutung oder die Traumdeutung ja auch nichts anderes ist als die (immer subjektive) Übersetzung von Konstellationen oder Bildern in Worte. Daß diese »Deutungen« möglichst undeutlich blieben, dafür sorgten sowohl die genannten Priester als auch die Weissager oder die Orakelsprecherinnen. Erst das Bestreben der Neuzeit, alles rationell zu erfassen, zu erklären und in – möglichst monokausale – Zusammenhänge zu bringen, machte aus der »Deutung« und dem »Be-deuten« unsere heutige »Bedeutung«, die im Singular einhergeht und so tut, als wäre sie eine Tatsache. Und um diese Illusion zu unterstützen, schufen wir das Adjektiv **deutlich** im Sinne von »klar und präzise«, machten es sogar zur Norm und stellten ihm »undeutlich« gegenüber.

Genauso wie aber Bedeutung im Grunde eine immer wieder neue Tätigkeit des Deutens ist, ist auch jedes Lesen eine Art Deutung, und zwar eine ganz persönliche, vielfältige. Und was wir in einen Text hinein- oder aus ihm herauslesen, hat nach wie vor mit dem Ährenauflesen zu tun, auch mit dem Erbsenauslesen, und nicht zuletzt mit den runenlesenden Seherinnen: Immer wählen wir aus, was wir gerade brauchen, Trost oder Ansporn, Bestätigung oder Fragen, Vertrautes oder Unerhörtes.

Die französische Schriftstellerin Marguerite Duras erzählt in ihrem Buch ›Sommerregen‹ von einem etwa dreizehnjährigen Jungen (die Geschichte spielt in der Pariser Vorstadt, und Ernesto ist das älteste Kind italienischer Einwanderer), der behauptet, ein Buch gelesen zu haben, obwohl er nicht lesen kann. Auf die Frage seiner Spielkameraden, wie er das denn gemacht habe, erklärt er, »er habe einer bestimmten Buchstabenfigur einen ersten, ganz zufälligen Sinn gegeben; dem folgenden Wort dann einen anderen, aber in Bezug auf den ersten, und so weiter von Wort zu Wort, bis der Satz ein sinnvolles Ganzes ergab. So habe er allmählich verstanden, daß Lesen nichts anderes sei als das langsame Aufrollen seiner eigenen, fortwährend neu erfundenen Geschichte«.

Es ist sicher etwas Wahres daran, denn wie käme es sonst, daß ein Buch, das wir nach Jahren wieder lesen, nicht mehr dasselbe ist? Das Buch hat sich wohl kaum verändert. Aber wir. Und so lesen wir es anders, weil eben unsere eigene Geschichte nicht mehr dieselbe ist. Das ist eher ein gutes Zeichen – für das Buch wie für uns. Texte sind Lebewesen, und Lesen ist das immer wieder neue Gespräch mit ihnen. Sicher braucht es dazu Zeit, aber diese Zeit *nehmen* wir uns nicht, im Gegenteil, wir schenken sie uns.

BAUMEISTER

Es wird häufig angenommen, daß es zwischen Kommunikation und dem, was wir Literatur nennen, eine scharfe Trennung gibt. Informationen, wissenschaftliche Abhandlungen oder bürokratische Anweisungen unterscheiden sich von literarischen Texten wesentlich dadurch, meinen wir, daß erstere zweckmäßig, letztere jedoch vorwiegend »schön« sind. Nun ist aber die Belletristik, die diese Schönheit in ihrem Namen führt, eher die leichte, unterhaltsame Variante der Literatur, schöngeistig zwar, aber weder unbedingt schön, noch unbedingt geistreich.

Den Dichtern geht es offensichtlich um etwas anderes. Nicht primär um Schönheit, sondern darum, der Sprache ganz bewußt Raum zu lassen für das Ungesagte, ja für das Unsagbare. Für das, was zwischen den Wörtern steht, oder zwischen den Zeilen, wie wir sagen. Aber nicht nur Wörter atmen anders in diesem Raum, auch der Satzbau beginnt zu sprechen, wird, scheinbar unabhängig von den Wörtern, sinngebend. Wie das möglich ist, wollen wir an drei Beispielen sehen.

Franz Kafkas Erzählung ›Eine kaiserliche Botschaft‹ beginnt mit folgendem Satz:

»Der Kaiser – so heißt es – hat Dir, dem Einzelnen, dem jämmerlichen Untertanen, dem winzig vor der kaiserlichen Sonne in die fernste Ferne geflüchteten Schatten, gerade Dir hat der Kaiser von seinem Sterbebett aus eine Botschaft gesendet.«

Die ganze Erzählung wird in diesem ersten Satz, in der Struktur dieses Satzes vorweggenommen: Zunächst wird die Nähe zwischen dem »Kaiser« und dem »Du« der Erzählung durch das eingeschobene »so heißt es« von Anfang an in Frage gestellt. Die scheinbar freudige Hoffnung, die durch den Dativ »Dir« entsteht (Dativ kommt vom lateinischen *dare,* »geben«), ist in Wirklichkeit eine bange Hoffnung, und diese Bangigkeit wird durch das lange Warten auf die Ergänzung (»hat Dir ... eine Botschaft gesendet«) aufs Höchste gesteigert. Doch geht es Kafka nicht nur um diese Spannung, sondern auch darum, die unendliche Weite des kaiserlichen Reichs zu veranschaulichen, also die unüberbrückbare Distanz zwischen dem allmächtigen Kaiser und dem winzigen »Du«, eine Distanz, welche die angekündigte Gabe – ein Testament! – gleichzeitig zu einer Auszeichnung und zu einer Unmöglichkeit macht. In diesem ersten Satz wird also – nicht nur durch die Worte, sondern auch durch die Struktur – alles gesagt, was die Erzählung selbst nur abwandeln wird: das nie endende Hin und Her zwischen Hoffnung und Zweifel, zwischen Erwartung und Entmutigung, das – für Kafka zumindest – das Los des Menschen ist, seit er den Glauben gegen das Wissen(wollen) eingetauscht hat. »Es gibt keine Antwort von außen«, sagt er – »Du aber sitzt an Deinem Fenster und erträumst sie Dir, wenn der Abend kommt.«

In Heinrich von Kleists Novelle ›Das Bettelweib von Locarno‹ gibt es ein besonders anschauliches Beispiel dafür, daß der Satzbau die Worte sogar radikal widerlegen kann. Kurz die Vorgeschichte: Ein Marchese hat durch seine brutale Roheit den Tod einer alten Bettlerin verschuldet. Sie starb in seinem Schloß, das er Jahre später verkaufen will. Doch der erste potentielle Käufer behauptet, daß es in dem Schloß spuke, und reist unverzüglich ab.

»Dieser Vorfall, der außerordentliches Aufsehen machte, schreckte auf eine dem Marchese höchst unangenehme Weise mehrere Käufer ab; dergestalt, daß, da sich unter seinem eigenen Hausgesinde, befremdend und unbegreiflich, das Gerücht erhob, daß es in dem Zimmer, zur Mitternachtsstunde, umgehe, er, um es mit einem entscheidenden Verfahren niederzuschlagen, beschloß, die Sache in der nächsten Nacht selbst zu untersuchen.«

Was sagen die Worte? Daß der Marchese entschlossen und seiner Sache sicher ist. Aber was sagt die Syntax? Das Subjekt, »er«, eingekeilt zwischen Kommas und Nebensätzen, will nicht so recht zum selbstsicheren, ebenfalls eingekeilten »beschloß« passen. Denn in Wirklichkeit, sagt der Satzbau dem Leser, ist der Marchese in einer Sackgasse. Allein mit seinem schlechten Gewissen, das ihn erstickt, belügt er – bewußt oder unbewußt – sich selbst. Die »Wahrheit« wird durch den Satzbau offenbar, und ausschließlich durch ihn.

Ja, Kleist, wird man sagen. Er ist berühmt für seine »unmöglichen« Schachtelsätze, und wer hat heute schon die Zeit, so genau zu lesen? Gut, dann sei als Gegenbeispiel Wolfgang Borchert zitiert:

»... In der Küche trafen sie sich. Die Uhr war halb drei. Sie sah etwas Weißes am Küchenschrank stehen. Sie machte Licht. Sie standen sich im Hemd gegenüber. Nachts. Um halb drei. In der Küche.« (›Das Brot‹)

Ist das noch Literatur? Sicher. Denn Borchert schrieb nicht etwa so, weil er die Satzbauregeln der deutschen Sprache nicht beherrschte oder weil er Texte für Lesefibeln schrieb. Seine Geschichten sind Momentaufnahmen aus dem Leben im Krieg oder in der unmittelbaren Nachkriegszeit. Seine Wörter benennen kommentarlos die Wirklichkeit. Seine abgebrochenen, kurzatmigen Sätze aber sind Anklagen: gegen eine zerstörte Welt, in der körperlich und seelisch zerstörte Menschen jede Orientierung verloren haben, eine Welt ohne Perspektive, in der, wie Wolfdietrich Schnurre damals sagte, »nicht einmal die Sprache mehr zu gebrauchen war«.

Der Leser hat verstanden, daß keines dieser Beispiele als »Modell« zitiert wurde. Niemand käme heute mit solchen Kleist- oder Borchertsätzen durch die Mittlere Reife, geschweige denn durchs Abitur. Niemand könnte heute in der »Sprache« des einen oder des andern einen auch nur halbwegs ernstzunehmenden Lebenslauf verfassen. Aber es ist ab und zu schön, sich einfach nur anzusehen, was Sprache alles kann.

EINE JUNGE SPRACHE

Die deutsche Sprache, hört man manchmal sagen, sei von Luther geschaffen worden. Das stimmt natürlich nicht: Seit Jahrhunderten hatten sich Mönche, Minnesänger und Rechtsgelehrte um das Werden dieser Sprache bemüht. Richtiger ist schon, wenn man sagt, Luther habe mit seiner Bibelübersetzung die Grundlage einer einheitlichen deutschen Schriftsprache begründet. In der Tat: Als der Reformator in den Jahren 1521 bis 1534 die Bibel – weitgehend aus den hebräischen und griechischen Originaltexten – ins Deutsche übersetzte, war dieses Deutsch eine Sprache, die von der Mehrheit der Deutschen verstanden werden sollte, ob sie nun mit dem nördlichen Niederdeutsch oder mit dem südlichen Oberdeutsch vertraut waren, ob sie gebildet waren oder zum gemeinen Volk gehörten. Grundlage war für Luther die in der Prager Kanzlei entwickelte Dokumentensprache, aber er hatte auf seinen vielen Reisen die deutschen Dialekte gründlich studiert und hat das steife Amtsdeutsch durch Ausdrücke und Redewendungen des Volks reicher, farbiger, lebendiger gemacht. »Man muß die Mutter im Hause, die Kinder auf der Gasse, den gemeinen Mann auf dem Markt drum fragen und denselbigen aufs Maul sehen, wie sie reden, und danach dolmetschen«, meint er in seinem ›Sendbrief vom Dolmetschen‹. So ist also Luthers Übersetzung »ins Deutsche« auch im etymologischen Sinn zu verstehen: in die Sprache des Volks.

Eine Sprache freilich, die wir heute als noch recht unfertig empfinden, wenn wir sie im Original lesen, doch der vehemente Tonfall der Lutherischen Tischreden und Streitschriften ist dennoch deutlich zu »hören«:

»... Zum andern mügt yhr sagen, das ich das Newe testament verdeutscht habe, auff mein bestes vermügen und auff mein gewissen, habe damit niemand gezwungen, das ers lese, sondern frey gelasen, und allein zu dienst gethan denen, die es nicht besser machen können, Ist niemand verboten ein bessers zu machen. Wers nicht lesen will, der las es ligen, ich bitte und feyre niemand drumb. Es its mein testament und mein dolmetscherung, und sol mein bleiben und sein.« (Sendbrief, 1530)

Da nun die noch relativ junge Kunst der Buchdruckerei eine schnelle und massive Verbreitung der »Lutherbibel« ermöglichte, wurde die »Sprache« des Reformators zur deutschen Schriftsprache schlechthin.

Ein beachtliches Geschenk. Leider aber hatte Luther den Deutschen zunächst nicht nur sein Lutherdeutsch beschert, sondern auch eine der düstersten Perioden deutscher Geschichte. Die Reformation stürzte in der Tat ganz Europa in oft blutige Glaubenskonflikte: Exkommunikation Heinrichs VIII. in England, Bartholomäusnacht, Erlaß und Aufhebung des Ediktes von Nantes in Frankreich, Inquisition in Spanien, die Bauernkriege und vor allem der grausame Dreißigjährige Krieg auf deutschem Boden. Ein Krieg, der das damalige Deutschland politisch und gesellschaftlich ins schwärzeste Mittelalter zurückwarf. Man darf das nicht vergessen, wenn man feststellt, daß Humanismus und Renaissance an Deutschland nahezu spurlos vorübergegangen sind, daß es zur Zeit der Hochblüte der spanischen, französischen und englischen Kultur eine vergleichbare »deutsche Kultur« nicht gab. Zwischen Luthers Tod und dem Ende des Dreißigjährigen Krieges waren hundert Jahre vergangen, in denen der deutsche Boden zu einem Schlachtfeld geworden war, wo Tod, Brände, Hungersnot, Seuchen, Raub und Plünderung an der Tagesordnung standen – hundert Jahre, die das Leben eines Shakespeare, Calderon oder Descartes einschließen. Und es sollte noch weitere hundert Jahre dauern, bis Land und Sprache sich von diesem Rückschlag erholt hatten.

Gewiß, es gab eine sogenannte Barockliteratur, aber sie war entweder steife Versmacherei oder Nachahmung der Franzosen, wenn man nicht überhaupt, im Zuge der Gegenreformation, zur lateinischen Sprache zurückkehrte. Man mußte auf Lessing warten, der es sich zur Lebensaufgabe gemacht zu haben schien, der deutschen Sprache wieder zu Rang und Würde zu verhelfen. Lessing (1729–1781) war »Aufklärer« im weitesten Sinn des Wortes: Er war ein Verfechter des antiken Ideals von Humanität und Liberalität, war also nicht prinzipiell gegen Vorbilder, bekämpfte aber mit bewundernswerter Aufrichtigkeit alles Modische, Unechte – allem voran die in seinen Augen lächerliche »Frankomanie«.

Aber Lessing war nicht der einzige Erneuerer der deutschen Sprache. Drei seiner namhaftesten Zeitgenossen haben sie, jeder auf seinem Gebiet, bereichert, veredelt, »kultiviert«. War nämlich Lessing der große Dramatiker, Polemiker und Aufklärer, so war Klopstock der Dichter der Empfindsamkeit: Seine Lyrik ließ die rhythmische und melodische Musikalität der deutschen Sprache erkennen. Auch Gottfried Herder nannte Poesie »ein Wörterbuch der Seele«, aber er war eher Sprachtheoretiker, und er war es auch, der eine Generation vor den Romantikern die Schätze des deutschen Volkslieds gesammelt und ihnen durch die Anerkennung dieser »Naturpoesie« den Weg gewiesen hat. Es bedurfte noch eines Immanuel Kant, des großen Philosophen der Aufklärung, und die deutsche Sprache war vollends zur »Sprache der Dichter und Denker« geworden.

Es wäre aber ein Irrtum zu glauben, diese Entwicklung hätte im Sinne einer komplizierten, gelehrten und undurchdringlichen Sprachakrobatik stattgefunden. Es handelte sich vielmehr um die Entdeckung und das Ausloten der unerschöpflichen Möglichkeiten der Sprache, um das Bewußtwerden ihrer vielschichtigen Aussagekraft, und auch die abstraktesten philosophischen Abhandlungen bedienen sich – im Vergleich zu anderen Sprachen – einfacher, konkreter, anschaulicher Worte. Kein Wunder also, daß sich im Zuge dieser »Entdeckung« der Sprache eine geradezu explosionsartige literarische und geistige Tätigkeit entwickelte. In kaum mehr als einem halben Jahrhundert hatte Deutschland seine immense Verspätung aufgeholt. Goethes ›Werther‹ eroberte sozusagen über Nacht ganz Europa, und 1808 machte Madame de Staël in ihrem Buch ›De l'Allemagne‹ ihre Landsleute darauf aufmerksam, daß die Menschen jenseits des Rheins längst nicht mehr die ungehobelten Banausen waren, für die man sie im Lande der *beaux esprits* so gerne hielt.

Was hatte denn nun die deutsche Sprache an diesem Ende des 18. Jahrhunderts den anderen europäischen Sprachen voraus? Wohl vor allem dies: Sie war eine junge Sprache. Sie war feurig und gefühlsbetont wie die Dichter des Sturm und Drang, verträumt, rätselhaft und ruhelos wie die Romantiker, klar und edel wie die Ideale der deutschen Klassiker. Und sie war kämpferisch geblieben wie die Sprache Luthers, revolutionärer Sprengstoff, welchen die Obrigkeit – allen voran Fürst Metternich – nur durch Zensur und Landesverweisung niederzuhalten vermochte.

Es ist verständlich, daß man auch daran dachte, in diesen bro-

delnden Sprachkessel etwas Übersicht und Ordnung zu bringen. Jakob Grimm schrieb eine vierbändige ›Deutsche Grammatik‹, eine ›Geschichte der deutschen Sprache‹ und die ersten
vier Bände eines dreißigbändigen ›Deutschen Wörterbuchs‹.
Doch Jakob Grimm war kein Sprachpolizist, er war ein uner-
müdlicher Sammler und Entdecker sprachlichen Kulturguts,
und wenn er nicht an seinen philologischen Schriften arbeitete,
zog er mit Rucksack und Bruder Wilhelm durch die Lande und
ließ sich von den alten Leuten die Märchen und Sagen erzählen,
welche die »Brüder Grimm« weit über die Grenzen ihres Landes hinaus berühmt gemacht haben.

Aber auch die so oft vergessenen Übersetzer haben zu dieser
Lebendigkeit der deutschen Sprache beigetragen. Wie wißbe-
gierig, lernfreudig und lernfähig diese Sprache ist, haben gerade
sie immer wieder bewiesen. Übersetzen war zum Beispiel für
Leibniz, Klopstock oder Herder noch ganz ausdrücklich ein
Mittel »zur Bereicherung, Erweiterung und Erneuerung der
Sprache«. Und das hat sich trotz der verschiedenen Theorien
bis heute nicht geändert. Die Frage nämlich, ob man nun der
Treue zum Wort, zum Sinn oder zum Stil den Vorrang geben
soll, wird immer wieder neu gestellt, und immer wieder ist es
neue Arbeit an der Sprache, Beschäftigung mit Sprache, Lernen
durch Sprache, also sprachliche Lebendigkeit.

Man möchte meinen, daß einer von so vielen genialen Menschen genährten Sprache nun doch wirklich nichts mehr passieren konnte, was auch nur annähernd den Rückschlägen des
17. Jahrhunderts gleichzusetzen wäre. Es stimmt: Gleiches ist
nicht geschehen, sondern Schlimmeres. Und dieses Schlimme-
re war weder die Teilung Deutschlands, noch ist es die ständig
steigende Zahl der Anglizismen, sondern es waren die Jahre des
Nationalsozialismus, wo diese Sprache zu einem Instrument
der Zerstörung wurde und ihre Glaubwürdigkeit verlor. »Nicht
einmal die Sprache war mehr zu gebrauchen«, schrieb Wolfdietrich Schnurre nach dem Krieg, »die Nazijahre hatten sie unrein
gemacht. Sie mußte erst mühsam wieder Wort für Wort abge-

klopft werden. Jedem ›und‹ und jedem Adjektiv gegenüber war Vorsicht geboten. Die neue Sprache, die so entstand, war nicht schön. Sie wirkte keuchend und kahl, und Umgangsidiome und das Mißtrauen gegenüber langen Sätzen und großen Worten hatten mitgearbeitet an ihr. Doch sie ließ sich gebrauchen.«

So also mußte die deutsche Sprache langsam wieder sprechen, das heißt sehen, hören, fühlen lernen. Nicht um das Vergangene zu vergessen, sondern im Gegenteil, um es zu sagen. Denn es gehört nun eben auch zur Geschichte der deutschen Sprache, und wenn es in den »abgeklopften« Wörtern weiter mitschwingt, so ist dies nicht nur unvermeidlich, sondern notwendig.

Sicher sind auch die fünfundvierzig Jahre der Teilung Deutschlands und seiner Zugehörigkeit zu feindlichen Blöcken an der Sprache nicht spurlos vorübergegangen. Die Mauer ging auch durch die Sprache: Es gab eine Reihe von »blockspezifischen« Vokabeln, es gab einen Duden-West und einen Duden-Ost. Das Wiederzusammenwachsen vollzieht sich auch in der Sprache, und es wird seine Zeit brauchen. Sprache läßt sich nicht drängen, und ihre unsichtbaren Wege bleiben oft lange unerkannt. Gerade deshalb aber müssen wir mit der Sprache im Gespräch bleiben, damit sie nicht in Werbeslogans erstarrt und zum Konfektionsanzug wird, sondern jung und lebendig bleibt, das heißt offen, vielschichtig und unerschöpflich.

Wortregister